Norbert Radermacher

Bunte Steine auf meinem Weg

Geschichten und Anekdoten

Illustrationen

Jan Radermacher

„Wenn man sehr jung ist,
können Kunst, Musik, Theater und Literatur
einen Menschen grundlegend verändern,
sie brechen in das Leben ein,
sie sind elementar.“

aus: Ferdinand von Schirach – Nachmittage.
Luchterhand Verlag, 1. Auflage 2022, S. 172

Norbert Radermacher

Bunte Steine auf meinem Weg

Geschichten und Anekdoten

Illustrationen

Jan Radermacher

EDITION VIRGINES

Norbert Radermacher
Bunte Steine auf meinem Weg.
Geschichten und Anekdoten

ILLUSTRATIONEN UND COVERABBILDUNG
Jan Radermacher

1. Auflage, Düsseldorf 2023

VERLAG
EDITION VIRGINES
www.editionvirgines.de | editionvirgines@t-online.de

REDAKTION UND GESTALTUNG
Georg Aehling

TEXTERFASSUNG
Anne-Marie Jansen-Wieschebrock

LEKTORAT
Helga Lienenbrink

DRUCK
Appel & Klinger

ISBN
978-3-910246-22-5

für Frerk, Malin, Thees und Lucy

Inhalt

VorGedanken

Eine lange Wegstrecke bin ich gegangen! Mit diesem Geschichten-Erzählbuch gehe ich ein Stück der Straße zurück. Es war ein buntes und erfülltes Leben, weil ich den Mut hatte, bekannte Pfade zu verlassen, unbekannte Orte aufzuspüren und nach immer neuen Zielen zu suchen. Es war mir eine große Freude, vielen Menschen zu begegnen, ihnen zuzuhören und von ihnen zu lernen.

Mein Bemühen um die Stärkung und die institutionelle Verankerung der kulturellen Bildung in unserer Gesellschaft zieht sich – manchmal leise, manchmal laut – wie ein roter Faden durch die Geschichten.

Zwei Kindheitsereignisse haben mein Leben nachhaltig geprägt: Zum einen war es mein erster Bühnenauftritt in einem Weihnachtsspiel des Kindergartens (siehe S. 12), zum anderen schenkte mir meine Mutter zwei Jahre später ein Buch über die Völker der Erde. Das Lesen fiel mir noch schwer, aber ich habe die zahlreichen Abbildungen in meinem Gedächtnis gespeichert. Das Lexikon wurde mein Schatz und meine Bibel. Es stand Jahrzehnte in meinem Buchregal. Ich habe die „Geografische Völkerkunde“[1] und weitere Reiseberichte verschlungen und davon geträumt, in die Welt hinaus zu fahren an all die Orte, die in den Büchern so wunderbar beschrieben wurden. Ich wollte die Welt entdecken und davon berichten: von der Vielfalt der Natur und den Menschen auf unserer Erde, von dem friedlichem Zusammenleben der Völker im Einklang von Mensch und Natur. Auch wenn die Wirklichkeit sich heute anders darstellt, will ich davon erzählen!

Mittlerweile habe ich über 50 Länder dieser Erde bereist, die meisten davon im beruflichen Kontext oder im Rahmen meiner ehrenamtlichen Arbeit. Ich habe den

[1] Siegfried Passarge: Geographische Völkerkunde, Safari-Verlag-Berlin, 1954

Unterschied erfahren zwischen einer organisierten touristischen Reise und der unmittelbaren Begegnung mit den Menschen und ihren Lebensbedingungen vor Ort.

Ich erzähle in diesem Buch von Erlebnissen, Abenteuern und Entdeckungen, die mir nachhaltig in Erinnerung geblieben sind. Ich berichte über meine Reiselust und die Verwirklichung von Jugendträumen, aber auch von der erfolgreichen Umsetzung großer Projekte.

Es sind bruchstückhafte Erinnerungen, die wie Steine auf dem Weg zurück von mir aufgehoben und betrachtet werden. Es sind lustige, traurige und verrückte Geschichten, die von Erfolgen, Misserfolgen, Erfahrungen und Erkenntnissen berichten, aber auch von der Ungerechtigkeit und dem Elend auf dieser Welt.

Ich habe mich mit fremden Kulturen und Religionen beschäftigt und mich mit unterschiedlichen Weltanschauungen auseinandergesetzt. Ich bin vielen Menschen verschiedener Nationalitäten und Ethnien begegnet und habe die enormen sozialen, ökonomischen und ökologischen Unterschiede zwischen den Volksgruppen, Staaten und Religionen kennengelernt. Ich habe gelernt, den Menschen zuzuhören und ich habe versucht, sie zu verstehen!

Die nationale und internationale Vernetzung der Kultur- und Theaterarbeit mit Kindern wurde zu meinem zentralen Arbeitsthema. Meine Freude am Leben und meine Lust auf immer wieder neue Begegnungen waren die Triebkräfte für all diese Tätigkeiten.

Die Zeichnungen und Illustrationen von Jan vertiefen und verdichten meine Geschichten. Sie erzählen und interpretieren sie auf ihre eigene künstlerische Art und Weise. Ich bin stolz und froh dieses Buch zusammen mit meinem Sohn herausgeben zu können.

mein Leben lang!

1. Wie ich meine Liebe zum Theater entdeckte

Oft sind es bruchstückhafte Erinnerungen aus der frühen Kindheit, die einen Menschen ein Leben lang begleiten, ihn prägen und seine Entwicklung beeinflussen. Ich erinnere mich gerne an meine erste Theaterrolle und meinen ersten Auftritt in einem Krippenspiel im Kindergarten meines Heimatortes.

Ich war sechs Jahre alt und ging mit Freude in den nahegelegenen Kindergarten in Friesdorf – einem Ortsteil von Bad Godesberg. Nach der Bombardierung unseres kleinen Bauernhofes am Ende des 2. Weltkrieges sind wir aus der Eifel in diese Vorstadt von Bonn gezogen, weil mein Vater nach der Aufgabe seines unrentablen landwirtschaftlichen Betriebes eine Anstellung bei den Stadtwerken in Bonn bekam. Ich liebte meinen Kindergarten und das Spiel mit anderen Kindern im Sandkasten. Ich freute mich jeden Tag auf den Kakao und das Frühstücksbrot, das mir von einer Ordensschwester zugesteckt wurde. Deshalb habe ich mich auch ohne jeden Zweifel bereit erklärt, in einem Weihnachtsspiel mitzuwirken. Mir wurde die Rolle eines Jungen zugedacht, der andere Kinder, die mit schwarzer Schuhcreme geschminkt und in Baströckchen gesteckt wurden, im christlichen Bekenntnis zu taufen, damit der hl. Petrus ihnen den Zugang zur Himmelspforte nicht weiter versperren konnte.

Diese aus heutiger Sicht völlig inakzeptable Bühnengeschichte mit Kindern in einer unsäglichen Kostümierung habe ich als kleiner Junge unbedacht hingenommen. Mir war es wichtig, dass es den schwarz angemalten Kindern ebenso gut gehen sollte wie einem Jungen, der in einem bescheidenen Zuhause mit einer liebevollen Mutter und einem fürsorglichen Vater aufwachsen durfte. Meine Erinnerungen an die Kindheit sind verbunden mit einem Gefühl von Geborgenheit und Wärme. Die Handlung und den Text des Theaterstücks habe ich vergessen.

In meinem Gedächtnis aber bleibt die große Schüssel mit Schokoladenpudding und Vanillesoße, die wir Kinder nach der Aufführung als Belohnung für unser Spiel erhielten. Auf dem Bühnenboden sitzend, kratzten wir gemeinsam die Schüssel mit großen Löffeln bis auf den letzten Tropfen aus. Verschmierte Gesichter und bekleckerte Hemden taten unserer Freude keinen Abbruch. Wir waren stolz, denn wir hatten die Zuschauer begeistert – sie haben applaudiert und wir fühlten uns stark! Daraus ergab sich für mich als kleiner Junge eine zukunftsweisende Erkenntnis:

Wenn Theater so lecker schmeckt und ich mit meinem Spiel anderen Kindern helfen kann, dann bleibe ich dabei – mein Leben lang!

2. Wie ich Fallobst sammelte und mir dabei eine Tracht Prügel abholte

Sammeln gehört zu meinen Leidenschaften! Ob Briefmarken, Münzen oder Spielfiguren und kleine Bühnen für meine Figurentheatersammlung – diese Leidenschaft hat mich nicht nur Zeit, sondern auch viel Geld gekostet. In der Kindheit habe ich Früchte aus der Natur gesucht, weil sie gut schmeckten und sie eine Bereicherung unserer Mahlzeiten darstellten. Das Aufspüren von essbaren Pilzen habe ich als Achtjähriger von meiner Mutter gelernt. Mit ihr bin ich durch die Wälder gezogen und sie hat mir gezeigt, wie man Pfifferlinge mit dem Messer fachgerecht aus dem Moos schneiden kann. Mit der Familie haben wir im Sommer Blaubeeren gesammelt und anschließend Pfannekuchen gebacken oder eine Torte damit belegt. Walnuss- und Esskastanienbäume wuchsen in einem Wald hinter unserem Haus, und Brombeeren hingen in Fülle an den Sträuchern am Wegrand. Wir besaßen in der Eifel noch kleine Felder mit Pflaumenbäumen. Bei unseren Sonntagsausflügen haben wir säckeweise Pflaumen gepflückt, so dass unser kleiner „Renault 4" in die Knie ging. Mein Vater brachte das Obst zu den Bäckereien und verdiente damit ein Zubrot zu unserer Haushaltskasse. Meine Mutter stellte aus den Früchten leckeres Pflaumenmus, feines Apfelkompott oder süße Erdbeermarmelade her.

In unserem Keller standen große Regale voller Gläser mit selbst zubereiteten Köstlichkeiten. Blechdosen mit Obst oder Gemüse kannten wir nicht – alles wurde im Glas eingeweckt und im Keller für den Winter aufbewahrt. Auf einer nahe gelegenen nicht umzäunten großen Obstwiese haben wir im Herbst Äpfel gesammelt und daraus Apfelmus hergestellt. „Im Wiesengrund" hieß der Weg, an dem die Kleinbauern und Ureinwohner von Bad Godesberg ihre Grundstücke besaßen. Auf ihr reifes Obst richteten sie ein achtsames Auge, aber es war den Nachbarn vergönnt, Fallobst aufzusammeln und mit nach Hause zu nehmen.

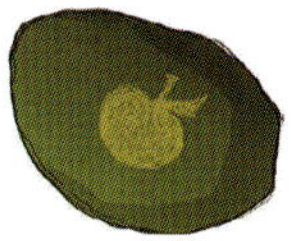

An einem Abend im Spätsommer hatte ich beim Spiel mit anderen Kindern wieder einmal die Zeit vergessen und beinahe das Abendbrot versäumt. Meine Mutter war stets besorgt, wenn ich unpünktlich war – nicht weil sie mir das Spielen im Wald verbieten wollte, sondern weil sie berechtigte Angst hatte, ich könnte mich beim Klettern in den hohen Bäumen verletzen.

Mit schlechtem Gewissen kam ich an der Apfelbaumwiese vorbei, und ich wollte einige Äpfel aufsammeln, um meiner Mutter eine Freude zu bereiten.

Unter dem Baum lagen viele reife Früchte, die ich flink in meine Tasche stopfen konnte. Da ich aber nicht alle Äpfel in meinen Hosentaschen unterbringen konnte, zog ich mein Hemd aus, band es zu einem Beutel und verstaute die restlichen Äpfel darin.

Mit schnellem Schritt lief ich die Gasse hinauf, als sich mir plötzlich der Wiesenbesitzer entgegenstellte und behauptete, ich hätte die Äpfel nicht vom Boden aufgelesen, sondern vom Baum gepflückt. Als ich diese falsche Anklage vehement verneinte und die Äpfel nicht hergeben wollte, nahm er seinen Spazierstock, schlug kräftig auf mich ein und nannte mich einen Dieb und Lügner. Vor Schrecken ließ ich meinen Beutel fallen und lief weinend nach Hause.

Ich war wütend und enttäuscht zugleich – nicht über den Verlust meines Hemdes und der Äpfel, sondern über die ungerechte Beschuldigung und die Macht, die ein alter Herr über einen kleinen Jungen ausüben konnte.

Meine Mutter hörte sich meine Geschichte an, die ich ihr schluchzend vortrug. Zum Beweis meiner Unschuld kramte ich das restliche Fallobst aus meiner Hosentasche. Da klingelte es auch schon an unserer Haustür. Der Nachbar stand da und reichte meiner Mutter das verschmutze Hemd mit den Worten: „Unter den Zugezogenen gibt es nur Diebe und Verbrecher“.

Bevor der Mann zu weiteren Anschuldigungen ausholen konnte, knallte meine Mutter die schwere Haustür vor seiner Nase zu, sagte nichts und schickte mich ins Bad, damit ich meine Tränen trocknen und meine Hände und mein Gesicht waschen konnte. Als ich zurück in die Küche kam, stand auf meinem Platz eine Tasse mit warmem Kakao und selbstgebackenes Weißbrot mit Erdbeermarmelade!

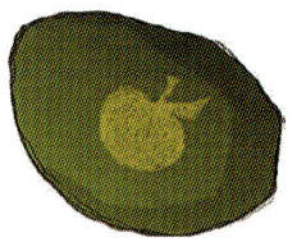

3. Als ich von einem Leiterwagen purzelte

Tante Mia und Onkel Josef bewirtschafteten in den fünfziger Jahren einen kleinen Hof in meinem Geburtsort Berg a. d. Ahr. Nach dem Umzug meiner Familie von der Eifel nach Bad Godesberg bin ich in den Ferien immer wieder gerne in meine alte Heimat zurückgekommen und habe mich von Tante und Onkel verwöhnen lassen. Frische Milch von der Kuh, selbstgeschlagene Butter und manchmal auch eine Wurst waren Köstlichkeiten, an deren Geschmack ich mich auch nach Jahrzehnten noch erinnere.

Mit den Kindern im Dorf konnte ich kleine und große Abenteuer erleben, im Bach Forellen fangen und auf Kühen reiten, oder aber ich durfte bei der Ernte von Kartoffeln und Getreide helfen. Von einer solchen Ernte erzählt die folgende Geschichte:

Ich war 10 Jahre alt, als Tante Mia, Onkel Josef und ich mit einem Leiterwagen, der von zwei Ochsen gezogen wurde, zu einem kleinen Acker außerhalb der Gemeinde fuhren, um die Weizenernte einzuholen. Die Garben, die dort seit einigen Tagen zur Trocknung zeltartig aufgestellt waren, mussten schnell aufgeladen werden, weil es regnen sollte. In den Garben konnte man sich wunderbar verstecken, Süßigkeiten naschen oder auch Leute erschrecken.

Während die Tante das Gespann führte und die Ochsen beruhigte und der Onkel die Garben mit der Forke auf den Leiterwagen schleuderte, stand ich oben auf dem Wagen und verteilte das Stroh fachgerecht auf die Fläche. Schicht um Schicht baute sich das Getreide auf und der Stapel wurde höher und höher. Bald waren es wohl mehr als zwei Meter, die die aufgeschichteten Garben über den Leiterwagen hinausragten. „Es reicht“, sagte die Tante. „Die letzten vier Haufen schaffen wir noch“ sagte der Onkel.

Ich war froh, mein kunstvoll aufgeschichtetes Bauwerk aus Ähren und Stroh noch höher stapeln zu dürfen und stand stolz oben auf dem Wagen. Ich genoss den Blick ins ferne Tal und betrachtete die dunklen Wolken, die bedrohlich auf uns zukamen . „Komm herunter – wir wollen los – es wird gleich regnen“, sagte die Tante. „Ich bleibe hier oben sitzen“, antwortete ich trotzig, denn ich fühlte mich wie ein kleiner König auf seinem hohen Thron aus Stroh.

Als der Weizen aufgeladen war, setzten sich die Ochsen auf Befehl meines Onkels in Bewegung. Sie steuerten geradewegs auf einen ca. halben Meter hohen Feldrand zu, den es zu überwinden galt. Der Leiterwagen kam in eine Schräglage und kippte auf die Seite. Die von mir so sorgfältig gestapelten Garben verloren ihren Halt und rutschten zurück auf das Feld. Sie vergruben einen ziemlich erschrockenen Jungen unter sich, der von Stroh übersäht nach einer Weile unverletzt auftauchte und sich heulend in die Arme von Tante Mia flüchtete. „Gott sei Dank ist nichts Schlimmeres passiert“, warf sie, nach einer ersten Begutachtung, vorwurfsvoll meinem Onkel zu, der versuchte das Viehgespann zu beruhigen und die Garben wieder zurück auf den Wagen zu werfen.

Mir blieb die Erkenntnis: Wer hoch stapelt kann tief fallen, und wer tief fällt, kann glücklich sein, wenn er von einem lieben Menschen aufgefangen wird.

4. Als ich mit einem Motorrad nach Prag entführt wurde

Meinen Eltern fehlte das Geld und auch die Zeit, um mit der gesamten Familie in Urlaub zu fahren. Deshalb war ich im Sommer oft mit einer kirchlichen Jugendgruppe unterwegs. Wir errichteten unsere Zeltlager immer in der Nähe einer Wasserstelle und verbrachten dort gemeinsam mit 60-80 jungen Menschen drei bis vier Wochen der Ferien. Wir waren im Westerwald, in der Eifel, im Sauerland und am Ratzeburger See in Schleswig-Holstein. Gemeinsam stellten wir unsere „Tipis“ auf, legten den Boden mit Stroh aus, markierten den Platz für das große Lagerfeuer und hoben manchmal sogar Toilettengruben aus. Bäche und Seen dienten uns als Badezimmer. Die Brote wurden vom Küchenpersonal mit Wurst und Kümmelkäse belegt, den keiner so recht mochte. Mittags wurde uns ein großer Kessel mit warmen Essen von einer nahegelegenen Gastwirtschaft gebracht. Zu unserem Freizeitprogramm gehörten Fuß- und Völkerballspiele, Orientierungsläufe und Nachtwanderungen. Mit meinem Fahrtenmesser verzierte ich kunstvoll zahleiche Haselnussstöcke und tauschte sie gegen Süßigkeiten.

Im Sommer 1963 wurde unser Zeltlager im Bayrischen Wald – unweit des „Großen Arbers“ – errichtet. Die Entfernung war für viele Jugendliche ein Problem, denn die Eltern konnten ihre Kinder am Wochenende nicht besuchen. Ich war in der Zwischenzeit zum Jugendgruppenleiter herangewachsen und habe die unbekannten Orte und Landschaften geliebt, besonders die Abende, an denen wir am Lagerfeuer sangen: „Wir fahren nach Madagaskar…“

Eines Abends nahm mich der Leiter des Zeltlagers Jugendpastor und Kaplan Bruno zur Seite und erzählte mir, dass er die Absicht habe, in dieser Nacht mit seinem Motorrad in eine Stadt zu fahren, um ein Paket abzuliefern. Als er fragte, ob ich Lust hätte, ihn zu begleiten, sagte ich sofort zu, denn eine Fahrt mit einem

Motorrad durch die Nacht hörte sich nach Abenteuer an. Genaueres wollte er mir nicht verraten, denn es handle sich um eine geheime Mission, von der ich erst erfahren dürfe, wenn wir am Ziel angekommen seien. Diese geheimnisvolle Ankündigung machte die Sache für mich noch spannender.

Um zwei Uhr in der Nacht wurde ich von Bruno geweckt. Ich hatte mir vor dem zu Bett gehen bereits Hose, Pullover und Jacke übergezogen – es mussten nur noch die Schuhe geschnürt werden. Dann gingen wir hinaus in die dunkle sternenklare Nacht.

Wir schoben das Motorrad über die Wiese bis zum Waldrand und fuhren los. Mein Fahrer, den ich sehr schätzte und dem ich vertraute, hatte sich offenbar gut vorbereitet, denn ohne Karte fand er die Straßen und Wege, die immer nach Nordosten führten, wie mir der Polarstern am Himmel zeigte, bis wir eine kleine Station an der Grenze zur Tschechoslowakei erreichten. Nach einem kurzen Gespräch mit dem Grenzposten und seinem flüchtigen Blick auf unsere Ausweise, reichte Bruno dem Grenzer einige Päckchen mit Zigaretten. Der Handel ging zügig und geräuschlos vonstatten.

Jetzt erst wurde mir klar, dass wir widerrechtlich die Grenze zur Tschechoslowakei überschritten und ohne Visa in das kommunistische Land eingereist waren. Mir wurde mulmig und ich fühlte mich von Bruno hintergangen. Die Lust auf ein Abenteuer war erheblich gesunken und ich wollte zurück in das sichere Zeltlager.

Unsere Reise war offensichtlich kein Spiel, sondern eine reale politische Mission mit all ihren Gefahren und Ungewissheiten. In schneller Fahrt ging es weiter durch die Nacht. Wir durchquerten zahlreiche Dörfer und kleine Städte. Irgendwann wurde ich trotz der innerlichen Anspannung müde und klammerte mich an der Lederjacke meines Fahrers fest, der nach einer langen Fahrt auf einer Anhöhe anhielt, um mir einen Blick auf die Stadt Prag zu gewähren. Die frühe Morgensonne hatte mit ihren ersten Strahlen bereits die hohen Türme, Dächer und das große Schloss gestreift. Die Stadt glänzte im matten Sonnenlicht. Sie lag im Tal der Donau wie ein goldenes Flies. Mir wurde warm und ich war ungeheuer aufgeregt zugleich. Die Lust auf Entdeckungen, Abenteuer und neue Erfahrungen war wieder da. „Wir fahren ins Zentrum – um halbsechs müssen wir am Ziel sein“, gab mir Bruno ohne weitere Erklärung zu verstehen. Noch war es ruhig in der Stadt. Wir konnten die Straßen und Alleen zügig durchfahren und kamen bald zu einer großen Kirche, an der wir das Motorrad abstellen konnten. Durch einen kleinen Seiteneingang betraten wir eine Kapelle unterhalb des Doms. Wenige Kerzen erhellten den Raum und einige Gläubige saßen in ihren Bänken und beteten.

„Du bleibst hier – ich bin gleich zurück. Wir werden mit dem Bischof einen Gottesdienst feiern und du sollst ihm dabei helfen. Ich hole ihn aus seinem Exil und bringe ihn hierher. Die Menschen in der Kirche sind informiert – sie warten seit Monaten darauf“. Erst jetzt durchschaute ich die Mission, die offensichtlich von langer Hand geplant war. In dieser Kirche sollte ein von der Tschechischen Regierung festgesetzter Geistlicher verbotener Weise einen Gottesdienst abhalten. Ich fühlte mich allein und für eine gefährliche Sache benutzt. Was würde geschehen, wenn die Kapelle plötzlich von der Polizei oder dem Staatsschutz gestürmt würde. „Was ist, wenn mein Fahrer mit seinem Motorrad nicht zurückkommt – er festgehalten oder verhaftet wird?“, diese Gedanken beschäftigten mich. Ich saß in der Kirchenbank und schaute andauernd auf meine Armbanduhr. In der Zwischenzeit waren immer mehr Menschen eingetroffen und die kleine Kapelle füllte sich mit Erwachsenen und Kindern. Es dauerte fast eine dreiviertel Stunde, bis mein Kaplan mit einem großen älteren Mann die Kapelle betrat. Dieser kam freundlich lächelnd auf mich zu, gab mir die Hand und bat mich, ihm beim Gottesdienst zu assistieren. Er nahm einen goldenen Kelch aus einem kleinen Koffer und legte sein Priestergewand an. So gut es mir möglich war, unterstützte ich ihn bei der Messhandlung. Wir waren alle angespannt – die Gläubigen, der Bischof und ich. Leise wurden einige Lieder gesungen. Die Melodien waren mir bekannt, die Texte aber fremd. Nach der Verteilung der Hostien war in der Kirche eine große Erleichterung zu spüren. Der Bischof gab jedem Gläubigen die Hand und bedankte sich bei mir mit einem kleinen Holzkreuz, das ich heute noch besitze. Die Kirchenbesucher hatten Brot, Wurst, Käse, einige Äpfel, Weintrauben und Apfelsaft mitgebracht. Wir frühstückten gemeinsam zwischen den Kirchenbänken. Alle waren sehr dankbar und freundlich zu mir. Jeder wollte mir die Hand schütteln oder mich in den Arm nehmen. Ich bekam das Gefühl, Teil einer guten Tat zu sein und verlor die Angst und die Unsicherheit.

In der Zwischenzeit hatte Bruno den Bischof zurück in sein Exil gebracht. Die Sonne stand über den Dächern von Prag, und es wurde angenehm warm. Wir verabschiedeten uns von vielen glücklichen Menschen, stiegen auf unser Motorrad und fuhren durch die Dörfer und über Landstraßen zurück in Richtung Bayrischer Wald. Wenn wir Kindern begegneten, hielten wir kurz an. Bruno schnürte seinen Rucksack auf und verteilte Süßigkeiten, von denen er offensichtlich eine Menge mitgenommen hatte. Auch der Grenzposten bekam wieder seine Zigarettenration. Ich aber war erleichtert und müde, als wir gegen Mittag in unserem Zeltlager ankamen. Heute verbinde ich mit diesem Abenteuer die Erkenntnis: „Grenzüberschreitungen sind oft gefährlich – aber manchmal auch notwendig!“

5. Als mein Vater bei einer Verlosung ein Schwein gewann und ihm das Leben rettete

Nach dem erfolgreichen Schulabschluss an der Realschule in Bad-Godesberg sollte ich auf Empfehlung einiger Lehrer*innen auf ein Gymnasium wechseln, um dort meine Schullaufbahn mit dem Abitur zu beenden. Ein Wechsel auf eine weiterführende Schule war allerdings in den 60iger Jahren in Nordrhein-Westfalen nicht selbstverständlich, denn der Übergang in ein anderes Schulsystem war aufgrund der damaligen Gesetzeslage nur in Ausnahmefällen möglich. Meine Eltern fanden in der näheren Umgebung kein Gymnasium, das mich aufnehmen wollte. Schließlich landete ich mit der Unterstützung unseres örtlichen Pfarrers am altehrenwürdigen Quirinus Gymnasium in Neuß, das für Schüler*innen mit Realschulabschluss eine sogenannte „Aufbaustufe" eingerichtet hatte. Neuß war ca. 80 km von Bad-Godesberg entfernt, so dass ich in dem kirchlich geführten Jungeninternat „Marianum" ein Zimmer annehmen musste. Das Haus wurde streng geführt und die Hausordnung wurde uns jungen Erwachsenen ständig vorgehalten. Wir durften nach 20 Uhr das Haus nicht mehr verlassen und der Fernseher wurde in einem Gemeinschaftsraum nur zu festgelegten Zeiten in Betrieb genommen. Mir kam meine jahrelange Teilnahme an den Zeltlagern sehr zugute, so dass für mich weder der große Schlafsaal im ersten Schuljahr noch die Arbeitseinsätze und Hausdienste ein Problem darstellten. Auch hatte ich kein Heimweh wie viele andere Jugendliche, aber es freute mich sehr, wenn meine Eltern mich einmal in Monat besuchten. Das Internat lud jedes Jahr zu einem Familienfest ein. Freunde und Verwandte konnten bei Kaffee und Kuchen oder einer Suppe mit den Schülern und den verantwortlichen Pädagogen ins Gespräch kommen. Das eigentliche Ziel des Festes war es, mit Hilfe einer Spendensammlung einen großen Geldbetrag zu erzielen, der zum Erhalt des Hauses und zur Aufbesserung der Bischöflichen Kasse beitragen sollte.

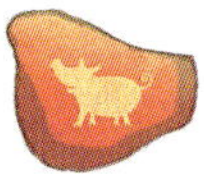

Jedes Jahr wurde eine Lotterie mit attraktiven Gewinnen aufgebaut, die die Kaufleute aus Neuss und Umgebung gespendet hatten. Der Hauptgewinn im Jahr 1966 war ein junges lebendes Schwein, das in einer engen Gitterbox neben den anderen Preisen ausgestellt war. Das Schwein quiekte ständig und es tat mir in seinem Gefängnis außerordentlich leid. Mein Vater hatte als ehemaliger Landwirt auch kein Verständnis für die Präsentation und Verlosung des Tieres. Aber viele Besucher zeigten großes Interesse an dem Hauptgewinn und sie kauften fleißig Lose. Beiläufig wurde ich auf ein Gespräch am Los-Stand aufmerksam, das darauf hindeutete, dass die Nummer mit dem Hauptgewinn erst kurz vor Ende der Lotterie in die Lostrommel geworfen werden sollte, um dem Marianum selbst die Möglichkeit zu geben, das Tier zu gewinnen. Das war Betrug! Als ich bemerkte, dass nur noch ca. 20 Lose im Topf waren, lief ich schnell zu meinem Vater und überredete ihn, die letzten Lose zu kaufen – der Hauptgewinn musste dabei sein! Wir kauften dem verdutzten Losverkäufer alle restlichen Lose ab und gewannen tatsächlich auch das Schwein! Der Verkäufer und die Direktion des Hauses waren sehr verärgert, aber rechtlich war gegen unser Handeln nichts einzuwenden. Ich freute mich diebisch, der Trickserei ein Schnäppchen geschlagen zu haben.

Mein Vater und ich luden das Schwein in das rückwärtige Abteil unseres Renault 4. Das Tier hatte einen guten Blick in die neu gewonnene Freiheit und machte es sich bequem. Als meine Eltern losfuhren und ich ihnen hinterher winkte, schaute das Schwein aus dem hinteren Fenster, und ich glaubte, ein Zwinkern in seinem Auge erkannt zu haben. Mein Vater brachte das Tier im Stall meines Onkels in der Eifel unter. Dort lebte es noch einige Jahre mit anderen Schweinen zufrieden zusammen.

„Schwein gehabt“, dachten ich und das Schwein. Wir dankten allen, die uns geholfen hatten.

ibt die Erken
ibt es einen Aus
ir bleibt die Erkenntnis
ge gibt es einen Ausweg!

6. Als ich splitternackt durch eine Glastür sprang

Sowohl am „Quirinus-Gymnasium“ als auch am Internat „Marianum“ in Neuss legte man großen Wert auf sportliche Aktivitäten. Man forderte und förderte uns in zahlreichen Disziplinen. Eine meiner Leidenschaften und Stärken war das Tischtennisspiel mit dem ich bereits in früher Jugend begonnen hatte. Im Verein habe ich bei etlichen Meisterschaften um Punkte gekämpft und mit der Mannschaft Urkunden und Pokale gewonnen.

In den Kellerräumen unseres Internats standen mehrere grüne Tischtennisplatten, die wir Schüler am Wochenende gerne nutzten, um das Studium der Formeln und das Erlernen der Vokabeln sinnvoll zu unterbrechen. Im Keller wurde um jeden Punkt gekämpft und so manche Tischtennisschlacht geschlagen. An einem kalten und nebligen Sonntag im November waren mein Freund Ulrich und ich ziemlich allein im Internat, weil viele Schüler am Wochenende zu ihren Familien nach Hause gefahren waren. Nachdem wir am Vormittag die Lateinvokabeln rauf und runter dekliniert und uns gegenseitig abgefragt hatten, wollten wir nach draußen an die frische Luft. Weil es regnete, sind wir nach wenigen Metern auf dem Sportplatz in unseren Sportkeller gegangen, um im Tischtennisraum einige Runden zu spielen. Mein Freund Ulrich verfügte allerdings über wenig Erfahrung im Tischtennisspiel. So verliefen die Matches ziemlich einseitig, zumal ich zu seinem Ärger immer wieder meine Rückhandaufschläge mit viel Unterschnitt zelebrierte, so dass mein Freund nach einigen verlorenen Sätzen das Spiel frustriert beendete. Abgekämpft gingen wir in den großen Duschraum, der auch Schulklassen und Sportgruppen Platz bot.

Herrlich wie das warme Wasser über den Körper rieselte und die Seife Wohlgerüche verbreitete! Es war für mich ein Moment des absoluten Genusses und der Entspannung. Plötzlich riss mich ein eiskalter Wasserstrahl aus meiner Wellnesslaune und Wohlfühlstimmung. Ulrich zielte mit kaltem Wasser auf meinen Körper. Der Reinigungsschlauch für die Sanitärräume und Duschen wurde von ihm als Waffe verwendet und als Instrument der Rache für die verlorenen Spiele und meine hinterhältigen Aufschläge. Der eiskalte Wasserstrahl hat mich ziemlich aus der Bahn geworfen. Kreischend bin ich hochgesprungen und mit nackten Füßen über den glatten Fliesenboden geflüchtet. Ein schnelles Ende der Jagd war trotz meines Geschreis und Geschimpfe nicht in Sicht. Ulli hatte offensichtlich Spaß daran, mich im Duschraum tanzen zu sehen. Die einzige Möglichkeit dieser misslichen Lage zu entkommen, sah ich in einer Glastür, die vom Duschraum nach draußen führte. Mit Wut, Verzweiflung und Mut bin ich mit erhobenem Arm vor dem Gesicht auf die Tür zugelaufen und nackt wie ich war mit voller Kraft durch das Glas gesprungen. Die Tür erzitterte, das Glas splitterte und ich stand draußen! Die Scherben lagen zerstreut auf dem Boden und mein Körperumriss war im Türrahmen noch zu erkennen. Ich blutete an zahlreichen Körperstellen. In der Schockstarre wusste ich nicht, ob ich heulen oder lachen sollte. Mein Freund hatte vor Schreck den Wasserschlauch fallen lassen. Der Schlauch tanzte über den Boden. Wir haben uns angesehen und verstört gelacht. Gemeinsam haben wir meinen Körper nach Splittern abgesucht und die kleinen Wunden mit Pflaster aus einem Sanitätskasten, den wir glücklicherweise im Umkleideraum entdeckt hatten, verklebt. Es waren erstaunlich wenige größere Schnittwunden entstanden – aus einer Verletzung am Knie floss Blut und hinterließ eine rote Spur auf dem Fliesenboden. Die Scherben haben wir nach der Erstversorgung der Wunde sehr vorsichtig aufgesammelt und in einer Mülltonne entsorgt. Allerdings ließ sich die Aktion nicht vollständig verheimlichen, weil das Glas in der Kellertür fehlte. Ich kann mich heute nicht mehr daran erinnern, was wir dem Hausmeister erzählt haben – mit Sicherheit nicht die ganze Wahrheit von zwei jungen Männern, die einen Wasserschlauch haben tanzen sehen.

Mir bleibt die Erkenntnis: Aus jeder Enge gibt es einen Ausweg!

7. Als ich um Mitternacht in den Schottischen Highlands allein am Straßenrand stand

„Hitch-Hiking“ war in den 1960er Jahren unter Schüler*innen und Student*innen sehr beliebt. Es gab weder Interrail noch andere Vergünstigungen für junge Menschen, die Europa erkunden wollten. Mit Schlafsack, Rucksack und Gitarre ging es in den Sommerferien per Anhalter auf die Fernstraßen und in die großen Städte oder an die Küsten unseres Kontinents. Wir fühlten uns stark und mutig wie unsere großen Vorbilder: Bob Dylan, Joan Baez und Janis Joplin.
Die britischen Inseln waren bei Jugendlichen besonders beliebt. Aber auch die grüne Nachbarinsel Irland war für viele junge Menschen ein Sehnsuchtsort. In England entwickelte sich das Lebensgefühl der Jugend und der Sound der 1960er und 1970er Jahre und die „Irish Rebel Music“ wurde zum Vorbild der progressiven Folkmusik mit den Protestsongs gegen Vietnam-Krieg und Atomkraft.
Im August 1965 war ich mit meinem drei Jahre jüngeren Freund Johannes mit Rucksack und Schlafsack unterwegs in Richtung England. Statt einer Gitarre trugen wir auf unserem Rücken eine Balalaika, mit der wir in den Herbergen oder auf den Straßen einige internationale Folksongs zum Besten geben konnten. Wir erreichten die Insel mit dem Zug über Ostende und der Fähre nach Dover.

Von dort ging es weiter per Anhalter nach London. Wir hielten uns einige Tage in der Stadt auf und versuchten mit unserem holprigen, spröden Schulenglisch den Brieffreundinnen meines Partners Johannes so charmant wie möglich zu begegnen. Mit den beiden Mädchen besuchten wir den Buckingham Palast, saßen auf dem Löwen am Trafalgar-Square und veranstalteten auf einer Decke im Hyde Park ein üppiges Picknick.

Unser Ziel aber war die Stadt Aberdeen im Norden von Schottland, weil dort meine englische Brieffreundin lebte, mit der ich seit meiner Realschulzeit Briefkontakt hatte.

stand allein irgendwo in d
schottischen Highlands, weit
stand allein irgendwo in
Highlands, weit

Ich war ihr noch nie persönlich begegnet, aber die Korrespondenz mit Anne war nie oberflächlich oder gar langweilig. Auf den Fotos, die sie mir per Post geschickt hatte, sah sie zudem sehr gut aus.

Nach drei Tagen in London mit einem Schlafplatz in einem „Summer-Hostel" wurden wir von den Eltern unserer Hyde-Park Gefährtinnen an den nördlichen Stadtrand von London gefahren, um von dort eine Mitfahrgelegenheit in den Norden Englands zu erwischen. Wir standen stundenlang am Straßenrand, hielten unsere Daumen aufrecht und waren froh, wenn es ein Stück voranging, und wir wieder eine Konversation über unsere Herkunft, unsere Familien, unser Alter und unsere Schulbildung geschafft hatten. Nach zwei Tagen mit Schlafplätzen unter freiem Himmel erwischten wir endlich ein Gefährt, das uns einige hundert Kilometer in den Norden brachte. Wir erreichten die Stadt Aberdeen. Das Treffen mit Anne in ihrem Elternhaus war herzlich, aber zu kurz, denn ihre Familie wollte am nächsten Tag in die Sommerferien verreisen. So machten wir uns am nächsten Morgen weiter auf den Weg in Richtung „Schottische Highlands", eine ursprüngliche und einsame Landschaft, die uns Anne empfohlen hatte. Nachdem wir einen ganzen Tag frustriert am Straßenrand gestanden und keine gemeinsame Mitfahrgelegenheit gefunden hatten, beschlossen wir uns zu trennen. Es erschien Erfolg versprechender zu sein, sich allein auf den Weg zu begeben, zumal Johannes die großen Städte Glasgow und Edinburgh besuchen wollte, mich aber die Highlands und die kleinen Küstenorte im Norden von Schottland interessierten.

Wir verabredeten ein Wiedersehen nach drei oder vier Tagen in der Jugendherberge Edinburgh und versuchten erneut unser Glück, jeder in seine Richtung. Nach einer unruhigen Nacht in einer alten Scheune stand ich am nächsten Tag allein am Straßenrand. Erst sehr spät am Abend hielt ein großer Truck, der laut Auskunft des Fahrers durch die Nacht nach Inverness unterwegs war. Ich habe die Mitfahrgelegenheit bedenkenlos angenommen und mich sehr auf die Reise gefreut, denn die Stadt an der Mündung des Ness wurde mit ihren Schlössern, Burgen und mittelalterlichen Ruinen im Reiseführer als attraktives touristisches Ziel beschrieben. In der Stadt gibt es laut Aussage meines Fahrers auch eine gute Jugendherberge. Die Sonne ging unter über den Bergen des Hochlandes. Der Fahrer fuhr seinen Truck mit mäßiger Geschwindigkeit sicher und ruhig durch die kurvigen Straßen und die bergige und steinige Graslandschaft. Ich fühlte mich wohl und sicher auf dem linken Beifahrersitz. Der Mann stellte mir nur wenige Fragen, denn er hörte im Autoradio schottische Folklore und lauschte den Nachrichten.

Ich musste eingeschlafen sein, als ich durch eine Berührung aufgeschreckt wurde. Der Fahrer hatte seine Hand auf meinen nur von einer kurzen Hose bedeckten Oberschenkel gelegt und begann damit, meine Beine zu streicheln. Ich schrie entsetzt auf und rutschte ruckartig nach links zur Beifahrertür. Der Fahrer lächelte nur und trieb seine Annäherungsversuche voran, wobei der Truck in Kurven weiterfuhr. Ich bat ihn nachdrücklich anzuhalten und mich aussteigen zu lassen, aber er ignorierte meine Bitten. Die Angst wuchs, denn mir wurde klar, wie ausgeliefert ich war. Erst als ich unter dem Vorwand, ich wolle mir aus dem Rucksack etwas Obst holen, mein langes, scharfes Fahrtenmesser herauskramen konnte und dem Fahrer damit massiv drohte, hielt er mürrisch und widerwillig an und warf mich mit meinem Gepäck aus dem Wagen. Ich zitterte am ganzen Körper und Tränen liefen über mein Gesicht, gleichzeitig aber war ich erleichtert und froh. Erst als die Rücklichter des LKW hinter der nächsten Kurve verschwunden waren, habe ich die Situation vollständig realisiert.

Ich stand allein irgendwo in den Schottischen Highlands, weit entfernt von menschlichen Ansiedlungen. Der Himmel war dunkelblau, aber die Sterne gaben mir ein schwaches Licht auf den Rand der Straße und die Weite der Landschaft. Meine Taschenlampe leuchtete nur noch dünn, aber mein Auge gewöhnte sich immer mehr an die Nacht und ihre Schatten. Ich machte mich mit meinem Rucksack auf den Weg in der Hoffnung, irgendwo und irgendwann auf Menschen zu treffen. Ein Auto fuhr in schneller Fahrt an mir vorbei, ohne mich zu bemerken oder gar anzuhalten. Ich wurde müde, denn das Gepäck lastete schwer auf meinen Schultern. Die Straße führte in Kurven hinab in ein Tal. Ermüdet suchte ich mir immer öfter einen großen Stein, um mich zu setzten und mich auszuruhen. Nach einigen Stunden des mühevollen Wanderns entdeckte ich unten im Tal das Flackern eines Feuers und hörte leise Stimmen von Menschen, die am Ufer eines kleinen Flusses standen. Es waren Angler, die die Nacht hier verbracht hatten. Ich bin auf sie zugegangen und habe ihnen meine Geschichte erzählt. Die Angler gaben mir einen Becher mit Kaffee und Brot. Sie hüllten mich in eine Decke, denn es war mittlerweile kühl geworden. Nach Sonnenaufgang brachten sie mich mit ihrem Auto in die Jugendherberge der nächsten kleinen Stadt. Nach dem „Check-In“ schlief ich den ganzen Tag.

Meinen Freund Johannes traf ich zwei Tage später zufällig in Inverness wieder. Gemeinsam sind wir per Hitch-Hiking den Weg zurück über Loch Ness nach Edinburgh und Carlisle getrampt und von dort mit einem Zwischenstopp in London wieder nach Dover zur Fähre.

Heute noch schaudert es mich, wenn ich an meine Begegnung in den Highlands von Schottland denke. Es hat mich aber nicht davon abgehalten, weiter die Welt zu erkunden!

her Sicht
von Blau, Gelb
Verbindung mit
Höhe der
ktuell

8. Als es im Kurhotel auf Norderney schepperte

Während meines Studiums habe ich in den Semesterferien viele Jahre auf der Insel Norderney im Hotel Reincke gearbeitet, um das Studium zu finanzieren und mein Taschengeld aufbessern zu können. Im Sommer war ich vornehmlich im Service tätig und im Frühjahr war ich für Reparaturarbeiten und zur Renovierung der Hotelzimmer angestellt. Bei der Bedienung der Gäste kam mir meine „Lehrzeit" im Offiziersheim auf Norderney zugute, wohin ich zeitweise von meiner Kompanie in Aurich abgeordnet worden war.

In den vielen Jahren der Zusammenarbeit wuchs das Vertrauen zwischen der Geschäftsleitung des Hotels und mir so sehr, dass mich der Chef eines Tages darum bat, private Gäste mit seinem nagelneuen weißen Mercedes von Norddeich nach Düsseldorf zu fahren. Obwohl ich ein Auto dieser Größe und mit diesem Komfort noch nie in meinem Leben gefahren hatte, unternahm ich das Wagnis und brachte die Familie sicher nach Hause. Auf der Rückfahrt übernachtete ich in meinem Studienort Münster und lud einige Studienfreund*innen zu einer Spritztour ein. Wir fuhren den weißen Mercedes mit offenem Verdeck über den Prinzipalmarkt in das Kneipenviertel der Altstadt, um bei „Pinkus-Müller" ein Altbier zu trinken. Den Wagen brachte ich am nächsten Tag ohne jeden Kratzer in die Garage nach Norddeich zurück.

Das Hotel auf Norderney war als „Kurhotel" Teil einer Kette vergleichbarer Häuser in Bad Oeynhausen und hatte Verträge mit den Kranken- und Rentenkassen. Mit dieser Bindung an die Versicherungen waren für die Gäste gewisse Einschränkungen verbunden, wie beispielsweise das Einhalten von festgelegten Essens- und Ruhezeiten. Die klare Taktung des Tagesablaufs hatte für die Küche und den Service große Vorteile.

Wir waren ein eingespieltes Team, das in der Lage war, ca. 80-100 Gäste gleichzeitig zu bedienen und damit einen reibungslosen Ablauf der Mahlzeiten zu gewährleisten.

Am Samstag gab es abwechselnd Erbsen-, Linsen-, Bohnen-, oder Kartoffelsuppe – wenn vom Gast gewünscht: mit einer Bockwurst. Anschließend wurde ein Dessert gereicht. Bereits vor dem Eintreffen der Gäste verteilte ich den Nachtisch in kleinen Glasschalen auf die einzelnen Plätze, die ich vorher sorgfältig eingedeckt hatte. Mit Hilfe eines großen Tabletts konnte ich die Dessert-Schalen in einen zweiten Speiseraum tragen, der durch einen breiten blauen Teppich vom ersten Raum abgetrennt war. Er führte vom Haupteingang des Hotels über einige Stufen in die oberen Geschosse. An diesem Samstag wurde mir das blaue Prachtstück zum Verhängnis! Als ich mit dem großen Tablett, auf dem dreißig Nachtisch-Schalen platziert waren, an der Teppichkante ins Stolpern kam, rutschten Vanille- und Schokoladenpudding vom Tablett und die gesamte Ladung landete krachend auf und neben dem blauen Teppichband. Aus künstlerischer Sicht war dieses Farbgemisch von Blau, Gelb und Dunkelbraun in Verbindung mit Glasscherben ganz auf der Höhe der aktuellen „Happening-Art". Dafür hatte allerdings niemand einen Blick, denn das Unglück geschah kurz vor Zwölf. Die Gäste kamen zurück vom Strand, von der Therapie oder vom Einkauf und wollten in ihre Zimmer, um sich für das bevorstehende Mittagessen herzurichten. Das blaugelbe und dunkelbraune Kunstwerk verbreitete sich gleich hinter dem Hoteleingang – nur eine Seitentür führte als Flucht- oder Rettungsweg durch die Wirtschaftsräume ins Haus.

Ich stand ziemlich betroffen und hilflos da! Der Ansturm der hungrigen Gäste stand kurz bevor und die Ersten hatten sich schon über Schokoladensoße und Scherben zu ihren Zimmern durchgekämpft.

„Bitte den Pudding nicht ins Obergeschoss schleppen", war die laute Ansage unserer Geschäftsführerin, die mir zur Seite stand. Wir schrieben schnell ein Plakat

und klebten es von außen an der Hoteltür: „Durchgang verboten – Seiteneingang benutzen – Mittagessen eine halbe Stunde später!“ Danach wurde mit vielen Kräften geputzt, geschrubbt, gesaugt und der blaue Teppich mit Packpapier abgedeckt. Der Pudding musste durch einen alternativen Obstnachtisch ersetzt werden und ich bekam eine zweite Chance die Dessertschalen auf den Tischen zu verteilen.

Endlich gab es einen Gesprächsstoff in dem sonst so ruhigen Hotelalltag. Die Gäste schauten mich teils bedauernd, teils betroffen an und zeigten Mitleid. Ich wusste nicht so recht, wie ich darauf reagieren sollte?! Ich war ärgerlich über mich selbst und wütend über mein Missgeschick.

An diesem Samstag gab es wieder Erbsensuppe. Die heiße Suppe verteilte ich in großen Porzellanschüsseln mit einer Kelle zur Selbstbedienung auf den Tischen. Anschließend ging ich – wie ich es gelernt hatte – mit einer Terrine voller Bockwürste in der linken und Löffel und Gabel in der rechten Hand von Platz zu Platz und fragte jeden einzelnen Gast, ob ich eine Wurst servieren dürfe. Das ging mir, wie an jeden Samstag, flott von der Hand bis ich am letzten Tisch mit der letzten Wurst ins Stocken kam. Die Wurst wollte partout nicht aus der Schüssel und es dauerte einige Zeit, bis ich das renitente Stück mit Löffel und Gabel zu fassen bekam. Angesichts des vorangegangenen Missgeschicks, war die Stimmung im Saal schon ziemlich angeheizt. An dem Tisch verzogen sich die Mienen zu einem breiten Grinsen. Als aber die Wurst zudem noch, wie von Zauberhand geführt, vom Teller auf den Tisch zurücksprang, gab es kein Halten mehr. Die Gäste lachten und prusteten und sie hatten Tränen in den Augen. Ich habe die Wurst mit meinen bloßen Händen gegriffen und zurück auf den Suppenteller gelegt mit den Worten: „Du verdammtes Biest – bleib da, wo du hingehörst“. Der Gast nahm mir diese reichlich unkonventionelle Art des Servierens nicht übel. Das laute Gelächter im Speisesaal wurde Gott sei Dank in der Küche nur als gute Stimmung wahrge-

nommen. Ich war erleichtert! Am Ende des dreiwöchigen Kuraufenthalts fiel das Trinkgeld – wie eigentlich immer - sehr gut aus und ich konnte mir meine erste Spiegelreflexkamera kaufen!

Das Verhältnis zu dem Eigentümer der Hotelkette wurde trotz meines Missgeschicks immer besser. Eines Tages bot er mir an, bei ihm als Partner und Geschäftsführer des Hauses „Rheinland" einzusteigen. Diese Offerte habe ich aber angesichts meines noch nicht abgeschlossenen Studiums ausgeschlagen.

Wo und was wäre ich heute, wenn ich diese Chance ergriffen hätte? Es war einer dieser Momente, in denen man die Weichen für das zukünftige Leben selbst stellen kann.

Ich bin in den nachfolgenden Jahren immer wieder gerne nach Norderney zurückgekommen, um in der Nacht bei Meeresleuchten im Meer zu schwimmen, oder aber mit Freund*innen in der „Milchbar" einen „Aperol-Spritz" zu genießen und dabei dem „Untergang der Sonne" zuzuschauen.

9. Als mir der Direktor einer Schule ein verführerisches Angebot machte

Diese Geschichte beschreibt ein Ereignis, das mir viele Türen geöffnet und mein Leben entscheidend verändert hat. Ein einziger wohlformulierter Satz führte diese Wendung herbei!

Nach vielen Jahren des Studiums an den Universitäten und Hochschulen in Bonn, Münster und Osnabrück, sowie einer Referendarzeit in Hamm/Westfalen, war es an der Zeit, eine Anstellung als Lehrer zu suchen, um das Erlernte in der Praxis anwenden, endlich Geld verdienen und eine Familie gründen zu können.

Das Studium hatte inklusive der Referendarzeit bereits sieben Jahre gedauert und am Ende war ich mir nicht mehr sicher, ob ich für den Lehrerberuf geeignet sei. Die Enge der Schulsysteme und die Gebundenheit an bestimmte Arbeitsmethoden und Inhalte hatte ich während der Referendarzeit und diverser Schulpraktika erlebt! Aber meine schlechte finanzielle Lage mit Blick auf meine persönliche und familiäre Zukunft machte es notwendig, eine feste Anstellung zu suchen, denn die zahlreichen Studenten- und Ferienjobs reichten nicht mehr aus, um meinen kleinen VW-Käfer, die Wohnung und den Lebensunterhalt zu finanzieren.

Meine Freundin hatte bereits eine Anstellung als Lehrerin an einer Realschule in Osnabrück gefunden. Die Stadt gefiel uns! Sie bot uns neben der Universität einen Sportverein für unser gemeinsames Hobby „Tischtennis", und besaß zudem zahlreiche attraktive kulturelle Einrichtungen und ein schönes Umland.

Ich bewarb mich mit der Fächerkombination Kunst, Deutsch und Philosophie bei verschiedenen Gymnasien in Osnabrück und Umgebung.

Leider fand ich keine Anstellung in der Nähe zu unserem Wohnort, bis ich auf eine Stellenausschreibung am Gymnasium Georgianum in Lingen (Ems) aufmerksam wurde.

Ich schickte meine Bewerbungsunterlagen an die Schule und vereinbarte mit dem Direktor ein Vorstellungsgespräch. Lingen an der Ems kannte ich nur von Durchfahrten von der Nordsee nach Münster.

Eine Stadt mit einem Atomkraftwerk passte so gar nicht in meine ökologischen und politischen Grundsätze. So fuhr ich an einem grauen, verregneten Tag im Mai 1977 mit großem Vorbehalt in die emsländische Stadt. Ich erlebte sie von ihrer hässlichsten Seite! Zerfallene Fabrikgebäude und Werkanlagen, ein mit hohem Stacheldraht gesichertes Gefängnis am Rande der Innenstadt, kein Baum oder Grün, alte, zerfallene Häuser und eine schwach beleuchtete Kneipe waren bei der Einfahrt durch die Kaiserstraße die ersten Eindrücke von einer Stadt, von der ich mir nicht vorstellen konnte, hier zu leben und zu arbeiten.

Die Schule war ein funktionaler Bau aus den 1960er Jahren – aber hell, mit vielen Flächen aus Glas und mit einem imposanten modernen Gemälde im Eingangsbereich. Im Lehrerzimmer warteten der Direktor der Schule, Dr. Walter Edelmann, und der Fachkollege für Kunst, Karl-Heinz Monecke, auf mich.

Nachdem ich meine Mappen mit exemplarischen Schülerarbeiten vorgelegt und meine pädagogischen Vorstellungen erläutert hatte, wurde das Gespräch interessant und das gegenseitige Interesse stieg.

Als ich aber immer noch nicht bereit war, meine Einwilligung für eine feste Anstellung zu geben, kam der Herr Direktor auf den Punkt! „Wir brauchen an dieser Schule vor allem einen Theaterlehrer! Ich habe in Ihren Bewerbungsunterlagen gelesen, dass sie an der Pädagogischen Hochschule in Münster ‚Theaterpädagogik‘ studiert und an der PH bereits Lehraufträge erteilt haben. Unsere Schule verfügt über eine große Aula mit einer gut ausgestatteten Bühne. Viel entscheidender aber ist, wir haben in unseren Klassen viele Schüler*innen, die darauf warten, im Fach Theater unterrichtet zu werden.“

Diesen Wunsch hatte ich bislang in keinem meiner Vorstellungsgespräche vernommen. Das Unterrichtsfach „Theater" oder „Darstellende Kunst" gab es in den 1970er Jahren in Niedersachsen nur als freiwillige Arbeitsgemeinschaft.

„Ich gebe Ihnen aus Ihrem gymnasialen Stundendeputat von insgesamt 23 Stunden in der Woche allein sechs Stunden für die theaterpädagogische Arbeit – ohne die Verpflichtung, möglichst schnell mit den Schüler*innen eine Aufführung produzieren zu müssen. Sie können ohne jeden Druck mit einer konstanten Gruppe in Ruhe arbeiten", versprach Dr. Edelmann.

Das Angebot war sensationell! Es veränderte die Ausgangslage entscheidend, denn so umfassend und ohne Vorbedingung „Theater" unterrichten zu können, entsprach in vollem Umfang meinen Vorstellungen. Ich hatte an der Pädagogischen Hochschule Münster die dramaturgische Arbeit von Enrico Otto kennen gelernt und vier Semester lang studiert. Wir hatten Theaterprojekte entwickelt und öffentlich aufgeführt. Dabei entdeckte ich erneut meine Liebe zum Spiel. Das Angebot von Herrn Edelmann konnte ich nicht ausschlagen! Ich nahm es an und damit änderte sich mein Werdegang.

Wie wäre mein privater und beruflicher Lebensweg verlaufen, hätte es dieses Angebot an diesem Ort zu dieser Zeit nicht gegeben?! Gäbe es heute ein „Theaterpädagogisches Zentrum" ein „Welt-Kindertheater-Fest", ein „Fest der Puppen", die „SpielBühne Lingen" oder die Kinderhilfsorganisation „Arts by Children"?

Es gibt Situationen im Leben, in denen Entwicklungen verhindert oder befördert werden. Am 01. September 1977 trat ich die Stelle eines Studienrats am Gymnasium Georgianum an. Nur deshalb kann ich die nächsten Geschichten auch noch erzählen!

10. Wie das TPZ in Lingen entstand und wie es einige Jahre später in Ungnade fiel

Die Gründung und der Aufbau des Theaterpädagogischen Zentrums (TPZ) gehörte zu den zentralen und schönsten Aufgaben meines Lebens. Das Angebot der Emsländischen Landschaft bedeutete eine entscheidende Wendung in meiner beruflichen Laufbahn und bildete die Grundlage für viele meiner regionalen, nationalen und internationalen Tätigkeiten.

Im Januar 1980 hatte ich bei der Bezirksregierung in Osnabrück einen Antrag auf Versetzung an eine andere Schule in der Nähe von Osnabrück gestellt, denn trotz aller Vorteile, die das Gymnasium in Lingen mir bot, waren die Fahrten zwischen Wohn- und Arbeitsort auf die Dauer zu aufwendig und kostspielig. Ich habe deshalb um eine Versetzung nachgesucht. Die Bezirksregierung zeigte allerdings kein großes Interesse an meinem Antrag und vertröstete mich mit der Aussage, dass meine Bitte geprüft werde.

Wenige Wochen später kam mein Schulleiter auf mich zu mit der Frage, ob ich Interesse hätte, ein erstes Konzept für einen „Theaterpädagogischen Modellversuch“ zu entwickeln und die Einrichtung für drei Jahre zu leiten. In Anbetracht meiner erfolglosen Versetzungsgesuche habe ich mit dem Geschäftsführer der Emsländischen Landschaft Herrn Werner Franke Kontakt aufgenommen, der den Plan zur Verbesserung der kulturellen Infrastruktur im Emsland initiiert hatte. Herr Franke hatte bereits zwei meiner Theaterproduktionen in der Schule gesehen und war offensichtlich von der Arbeit angetan. In einem ersten Gespräch erläuterte er mir die Ziele und Aufgaben der kurz zuvor gegründeten Emsländischen Landschaft, die vor allem der Verbesserung der kulturellen Bildung in den beiden Landkreisen Emsland und Grafschaft Bentheim dienen sollte.

TPZ
KREATIVITÄT

Die Aufgabe erschien mir interessant und innovativ. Meine berufliche Tätigkeit würde sich fortan stärker auf das Arbeitsfeld Theaterpädagogik und mein Lebensthema „Kulturelle Bildung“ konzentrieren. Ich zögerte nicht lange und skizzierte ohne jedes Vorbild die Ziele und Aufgaben eines „Theaterpädagogischen Zentrums im ländlichen Raum“.[2]

Eine Institution zur Förderung der Darstellenden Künste in der Schule und des Amateurtheaters gab es bislang in Niedersachsen noch nicht. Der Beruf eines/einer Theaterpädagog*in konnte sich aufgrund mangelnder Aus- und Fortbildungsmöglichkeiten nicht entwickeln. Von den beruflichen Theatern wurde die Theaterpädagogik nur als eine didaktische Methode zur Begleitung von Theaterproduktionen an Theatern verstanden. Mein Konzept aber war, den Menschen selbst und seine kreativen Potentiale in das Zentrum theaterpädagogischen Wirkens und Handelns zu stellen. Lehrer*innen und andere Berufsgruppen sollten darin geschult werden, die künstlerische Disziplin „Theater“ fachkundig unterrichten zu können. Am 09. November 1980 wurde der Modellversuch vom Kulturministerium des Landes Niedersachsen genehmigt. Ich wurde mit der Hälfte meiner Pflichtstunden für die Leitung des Projekts freigestellt. Damit war meine Rückkehr nach Osnabrück erst einmal auf Eis gelegt. Von der Stadt Lingen wurden Räume an der Kokenmühle für Büros, Kostümfundus und Technik sowie einen Übungsraum mit Studiobühne bereitgestellt. Mit engagierten und kompetenten Mitarbeiter*innen[3] konnte ich bereits 1981 ein erstes Kursprogramm erstellen und die Kontakte zu Theatergruppen in der Region und Schulen aufbauen. 1982 ergänzte das Figurentheater von Heiner Schepers das Angebot. Das „Theaterpädagogische Modell“, wie es in den ersten

---

[2] Vgl. Norbert Rademmacher: KulturLeben – eine Zeitreise durch die Kultur-, Kunst- und Naturlandschaft an Ems und Vechte; Edition Virgines, Düsseldorf 2020, S. 140 ff.

[3] Die Kolleg*innen der allerersten Stunde waren: Doris Meyer, Gesine Kappenberg, Margot Woeste, Sabine Schneider, Dieter Marks, Andreas Poppe; später kamen Elisabeth Niemann, Roswitha Albers und Doris Schweitzer dazu.

drei Jahren noch hieß, entwickelte sich schnell zu einer wichtigen Kultureinrichtung für die ganze Region. Der Kostümfundus, die Schneiderei und die maskenbildnerischen Seminare waren besonders beliebt. Wir haben mit unseren Veranstaltungen und Fortbildungsangeboten eine große und breite Bevölkerungsschicht angesprochen. Neben den zahlreichen Theaterseminaren für Kinder, Jugendliche und Erwachsene, sowie den Fortbildungen für Lehrer*innen, Pädagog*innen und Sozialarbeiter*innen veranstalteten wir Theaterprogramme mit professionellen Künstler*innen sowohl für Kinder als auch Erwachsene. Die Studioprogramme und die Theatervorstellungen für Kinder (Kiki und Pupps) in der Zusammenarbeit mit der Volkshochschule Lingen und Margret Lehmkuhl waren fast immer ausverkauft. Künstlerinnen wie Whoopi Goldberg und Gardi Hutter feierten auf unserer Bühne große Erfolge. Es wurden neue Fortbildungsstrukturen entwickelt und kleine und große Festivals in der ganzen Region veranstaltet.

Nach drei Jahren wurde der Modellversuch vom Land Niedersachsen in eine dauerhafte Einrichtung überführt. Große Unterstützung für unsere Vorhaben und Pläne erhielt ich von Oberstadtdirektor Karl-Heinz Vehring und der Kulturamtsleiterin Gisela Holterhues. Von der Stadt Lingen bekam das TPZ im Zentrum der Stadt ein denkmalgeschütztes Gebäude – das Professorenhaus – zur Verfügung gestellt. Der zentrale Raum in diesem Haus war ein kleines Theater mit einer guten technischen Ausstattung und 120 Plätzen. Das Studioprogramm bot neben musikalischen Produktionen auch kritisches, experimentelles und provokantes Theater.

An einem Samstagabend war der Kabarettist und Musiker Dietrich Kittner mit seinen spitzfindigen und kritischen Texten zum aktuellen Zustand unserer Gesellschaft zu Gast. In einem Beitrag zu Missständen in der Katholischen Kirche übte er den „Hostienweitwurf“. Dabei segelte eine (ungeweihte) Hostie in den Zuschauerraum. Das Publikum war weder besonders schockiert noch amüsiert und die Aktion führte nach der Vorstellung zu keinem Eklat. Am nächsten Sonntagmorgen aber wurde

beim Gottesdient in einer nahegelegenen Kirche dieser Vorfall vom Pfarrer in seiner Predigt aufgegriffen und das TPZ als ein „Ort der Sünde" gebrandmarkt und von Besuchen abgeraten! Diese öffentliche Anklage vor zahlreichen Kirchenbesucher*-innen hatte allerdings keinen Einfluss auf die Beliebtheit des Studioprogramms und des TPZ, das auch in den nachfolgenden Jahren seine künstlerischen Impulse in die Region senden konnte. Die kritische Auseinandersetzung mit traditionellen Wertvorstellungen und die Entwicklung innovativer Ideen und Projekte wurde zum Markenzeichen der Institution, die in die Etablierung eines deutschlandweit ersten Studiengangs „Theaterpädagogik" an der Hochschule Osnabrück mündete.

Mein Dank gilt all den vielen Mitarbeiter*innen, die seit über 40 Jahren den Ruf des TPZ als kulturelles Leuchtturmprojekt in Niedersachsen mitverantwortet und weiterentwickelt haben.

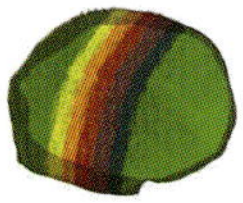

11. Als ich in Marokko auf einem ungezähmten Kamel reiten wollte

Marokko ist ein geheimnisvolles, magisches Land! Im Rahmen meiner schulischen und internationalen Theaterarbeit durfte ich Marokko mehrfach bereisen und gewann dabei tiefe Eindrücke von einem Land, das in meiner Erinnerung immer mit den Farben Gelb, Ziegelrot und Ocker verbunden sein wird. Die Silhouetten der Dörfer und Oasen erscheinen in der Ferne wie eine ewige Fata Morgana. Abends verwandelt sich der Himmel in ein blau-schwarzes Sternenzelt. Wir lagen unter freiem Himmel auf dem Divan, tranken frischen Pfefferminztee, träumten und debattierten bis tief in die Nacht hinein. Nirgendwo auf der Welt hätte es schöner sein können, zumal die Gastfreundschaft der Marokkaner über aller Maßen groß ist. Ein Couscous Essen im kühlen Innenhof eines marokkanischen Hauses ist ein kulinarischer Hochgenuss! Ich lernte bei mehreren Reisen nach Marokko aber auch, dass das Wasser knapp und teuer und ein tägliches Duschbad nicht immer möglich ist. Auch die Toiletten entsprechen bei weitem nicht unseren hygienischen Ansprüchen. Persönliche Grenzen mussten oft überschritten werden, weil wir nicht in exklusiven Hotelanlagen und Ferienressorts, sondern in einfachen Herbergen inmitten der Stadt untergekommen sind. Die von der Religion vorgeschriebene Distanz zwischen Mann und Frau und andere religiös motivierte Einschränkungen sind schwer zu verstehen und nur zu akzeptieren, wenn man sich umfangreich mit der Gesellschaft, der Religion und den Traditionen des Landes auseinandersetzt.

Der „Djemaa el Fna“ der „Platz der Gehängten“ im Zentrum von Marrakesch ist ein einzigartiger Ort, in dem sich traditionelles Leben mit der Geschäftigkeit einer Großstadt verbinden. Das bunte Treiben mit den lautstarken Angeboten der Gewürz- und Gemüsehändler, Schlangenbeschwörern, Barbieren und Puppenspielern betäubt die Besucher beim Betreten des Platzes. Gebetsgesänge des Muezzin erklingen von der Moschee, frisch gepresster Orangensaft wird überall zur Erfrischung und Stärkung angeboten und der Duft von tausend Gewürzen benebelt die Sinne.

In den Souks von Marrakesch setzt sich dieses Treiben fort – nur noch gedrängter und bunter. Es war mühevoll, die mir anvertrauten Schüler*innen sicher durch das unendliche Wirrwarr von Gassen und Gängen zu lotsen. Tatsächlich wurde ich einmal von einem Araber darauf angesprochen, ob meine Kollegin Anke K. zu kaufen sei!? Anke war unsere Musiklehrerin, blond und groß gewachsen – ein attraktives Ziel für einen geschäftstüchtigen Händler! Aber der Handel wurde von uns mit einem freundlichen Lächeln schnell beendet.

Nach der ersten Gastspielreise meiner Schultheatergruppe am Gymnasium Georgianum mit dem Stück „Kolumbus – macht Euch die Erde untertan“ – eine kritische Reflexion auf die Eroberung Amerikas durch Christoph Kolumbus – hatte ich bei der Rückfahrt von El Jadida zum Flughafen in Agadir die völlig verrückte Idee, einmal auf einem Kamel reiten zu wollen. Wir hatten zwei erfolgreiche Aufführungen in dem maroden Theater der Stadt hinter uns. Wir hatten viel gesehen und erlebt, Freundschaften geknüpft und Verabredungen für einen Gegenbesuch getroffen. Ein Ritt auf einem Kamel war mir bislang noch nicht gelungen. Das wollte ich vor unserem Abflug nach Deutschland unbedingt nachholen! Auf unserer Fahrt im Bus von El Jadida nach Agadir entdeckten wir inmitten der verdorrten unbesiedelten Steppe eine Herde von Kamelen mit ihren Hirten. War es Übermut oder Dummheit, die mich dazu trieben, unbedingt auf einem dieser Kamele reiten zu wollen? Nicht auf einem dressierten Tier, das für touristische Ausritte geschult war, sondern auf einem Kamel aus dieser wilden Herde. Unser marokkanischer Busfahrer verhandelte mit dem Anführer der Berbersippe. In ihren von der Sonne gegerbten Gesichtern spiegelten sich abwechselnd Ungläubigkeit und schelmisches Grinsen wider. Meine Schüler*innen hatten einige Münzen gesammelt, um den Hirten ein Angebot machen zu können. Nach einer kurzen Verhandlung, in der der Preis nicht niedriger, sondern immer höher getrieben wurde, willigten sie in das Geschäft ein. Der Besitzer des Kamels führte mich zu einem jungen Tier, das sich auf seinen Befehl brav hinkniete. Auf Anweisung des Kamelführers bin ich von hinten auf das Tier geklettert und hielt mich am Höcker fest. Nun erwartete ich einen beschaulichen Ritt über die ausgedörrte Steppe. Nach wenigen Metern aber raste das Tier – wie von einer Tarantel gestochen – auf einen Affenbrotbaum zu, auf dessen Ästen ca. 30-40 Ziegen standen, um Schutz vor der Sonne zu suchen oder an den dürren Zweigen einen letzten Tropfen Wasser zu saugen. Die Äste des Baumes waren spitz und stachelig und ich spürte sogleich einen Schmerz an Armen und Händen. Der Ritt direkt in den Baum war eine taktische Meisterleistung des Kamels, denn es war offensichtlich der einfachste Weg den ungeliebten Reiter schnell wieder loszuwerden. Ich musste eine ziemlich trostlose Gestalt und ein irrwitziges Bild abgegeben haben. Die Ziegen sprangen schreckhaft aus dem Gehölz, während ich hilflos im Affenbrotbaum hing. Meine Lust auf einen Kamelritt hatte sich damit erledigt! Mit Hilfe unseres Busfahrers kam ich zurück auf die staubige Erde. Die Schüler*innen dokumentierten diesen Auftritt mit ihren Fotokameras und verheimlichten dabei nicht ihre Schadensfreunde. Zahlreiche kleine Schnittverletzungen an den Armen und Händen mussten mit Pflastern versorgt werden. Es dauerte einige Zeit bis auch ich wieder herzhaft lachen konnte.

12. Als wir in Japan aus einem großen Suppentopf aßen

Im August 1982 unternahm ich meine erste große Reise nach Japan. Die Fachreise wurde von der Bundesvereinigung Kulturelle Jugendbildung (BKJ) im Auftrag des Bundesjugendministeriums geplant und organisiert. Sie diente dem Kennenlernen der Jugendkultur und der kulturellen Bildung in Japan sowie der weiteren Entwicklung von bilateralen Beziehungen auf diesem Gebiet. Der Gegenbesuch einer japanischen Delegation sollte im Anschluss an unsere Reise erfolgen. Mit mir an Bord waren weitere zehn Expert*innen und Verbandsvertreter*innen der kulturellen Bildungsarbeit in Deutschland, quer durch alle Sparten und Genres.

In den achtziger Jahren durften Flugzeuge aus dem Westen die Sowjetunion nicht überfliegen. Deshalb ging der Flug von Frankfurt a. M. 13.000 Kilometer über Anchorage in Alaska nach Tokio in Japan.

In den drei Wochen dieser Reise erfuhren wir viel über das Leben der Menschen in Japan – vor allem aber wurde unser deutsches Verständnis von Kultur, Bildung und Pädagogik ziemlich durchgeschüttelt.

Disziplin und Uniform, Hygiene und Sauberkeit sind Merkmale des alltäglichen japanischen Lebens. Nicht die Bedürfnisse des Einzelnen, sondern die gemeinsame Verantwortung für die Gesellschaft hat erste Priorität. Wir besuchten innerhalb eines von unseren Gastgebern eng gestrickten Programms Kindergärten, Schulen und Hochschulen und wurden in Theater, Museen und Konzerte geführt. So gewannen wir viele neue Eindrücke und Erkenntnisse, die auch meine spätere theaterpädagogische Tätigkeit inspiriert und beeinflusst haben. Die Hotelzimmer waren funktionell eingerichtete kleine Zellen, die Sitzordnung an den flachen Tischen und die Handhabung des Essbestecks waren gewöhnungsbedürftig. Ich lernte, mit Stäbchen zu essen und aus kleinen Schalen Suppe zu schlürfen. Ich durfte Sushi probieren und genießen, lange bevor es auf den deutschen Speiseplan kam. Wir waren auf dem zentralen Fischmarkt in Tokio und auf den Reisfeldern im Inland, aber auch in wissenschaftlichen Instituten und Archiven. Wir lernten, in eine bis auf den letzten Platz gefüllte U-Bahn einzusteigen und Teil dieser „Sardinendose" zu werden und wir beobachteten jede Nacht Gruppen von Männern, die sich nach ihrer Büroarbeit mit Sake (Reisschnaps) betäubten. Wir bekamen die Gelegenheit, einige Tage bei einer japanischen Familie zu wohnen. Ich durfte bei sehr netten Menschen zum ersten Mal auf einer Reisstrohmatte am Boden schlafen und den alltäglichen Ablauf in der Familie kennenlernen. Ein Blick in eine japanische Küche zeigte mir, dass in den Schränken nicht Teller, sondern Hunderte von wunderbar dekorierten Schalen standen. Zu einem Picknick am See nahm die Familie viele dieser Schalen mit, um all die kleinen Köstlichkeiten hübsch arrangieren und dann genießen zu können.

In der letzten Woche unserer Reise unternahmen wir einen Abstecher nach Akita – eine Stadt, die bekannt ist für ihre atemberaubenden saisonalen Feste. Beim „Akita Kanto Matsuri" balancieren Teilnehmer eines kilometerlangen Festumzugs Bambusstäbe mit Hunderten von bunten Laternen auf dem Kopf oder vor dem Bauch. Viele tausend Lampions erhellten die Nacht und es war kaum vorstellbar, dass diese viele Meter hohen Gestelle ihr Gleichgewicht nicht verlieren. In einem alten, gut erhaltenen Samurai-Dorf verfolgten wir die Aufführung eines Kabuki-Theaters, die viele Stunden vom späten Abend bis in den frühen Morgen dauerte. Auch bei einem Meister des NO-Theaters waren wir zu Gast und ließen sein eindrucksvolles Maskenspiel auf uns wirken. Einen Nachmittag in den Bergen mit dem Besuch der heißen Quellen (Onsen) und einem anschließenden Abendessen werde ich nie vergessen.

Männer und Frauen badeten - getrennt voneinander - nackt in einem 40 Grad Celsius heißen Wasserbecken. Am Rand des Beckens standen traditionell gekleidete

Geishas, die freundlich und ohne Scham lächelten. Wenn wir es wünschten, schlugen sie zur besseren Durchblutung des Körpers mit einem Strohbesen auf unsere Rücken oder rieben den ganzen Körper mit einem aufgerauten Lappen ab. Anschließend reichten sie uns ätherische Öle und Düfte und hüllten uns in große Badetücher. Sie führten uns in einen Ruheraum, wo wir nach Tagen der Hektik erstmals ein wenig entspannen konnten. Nach einer Weile wurden wir in einen Kimono gekleidet und gebeten, an einer langen großen Tafel Platz zu nehmen. Wir saßen mit gekreuzten Beinen auf einem wunderbar gestickten Sitzkissen und warteten auf die Speise, während ein Zeremonienmeister einige Verse in japanischer Sprache murmelte. Daraufhin betraten zwei Träger den Raum. An einer Stange trugen sie einen großen Topf, den sie in der Mitte des Tisches auf ein Rechaud stellten. Der Topf war heiß und die Suppe dampfte und brodelte. Eine weitere Person brachte einen kleinen Käfig aus Holz mit einem Vogel, der laut zwitscherte. Er tauchte den Käfig samt dem Vogel in die brühend heiße Suppe und sprach dabei eine Art Gebet. Erst als die Stimme des Vogels verstummt war, zog er den Käfig mit dem toten Tier wieder aus der Suppe. Jetzt sei die „reine Seele" des Vogels in die Suppe übergegangen und wir würden mit dem Genuss der Speise auch unsere Seelen reinigen – so erklärte man uns dieses uralte Brauchtum. Wir saßen ziemlich schockiert am Tisch. Das anschließende Essen mit vielen regionalen Besonderheiten war für einige der deutschen Gäste schwer bekömmlich. Ich schlürfte aus Höflichkeit und Achtung unseren Gastgebern gegenüber von der Suppe und probierte auch die verschiedenen Reis- und Fischgerichte. Meine Geschmacksnerven wurden dabei kräftig strapaziert und mein kulinarischer Erfahrungshorizont enorm erweitert.

Mit bleibt eine tiefe Erinnerung an diesem Tag und die ganze Reise. Wir waren drei Wochen lang weit, weit weg von Deutschland und in mir wuchs die Erkenntnis, dass es neben unserer Welt viele andere Welten auf dieser Erde gibt.

Ich hatte
Schweißperlen auf der
startete

13. Als ich in das Schloss des Bundespräsidenten eingeladen wurde

Im Sommer 1988 erreichte mich völlig überraschend eine Einladung des Bundespräsidialamtes aus Bonn. Ich wurde zu einem Empfang des Bundespräsidenten Richard von Weizäcker, anlässlich eines Staatsempfangs für die isländische Staatspräsidentin Vigdis Finnbogadöttir in das Schloss Augustusburg eingeladen.

In den Jahren zuvor hatte ich mich sehr um den Jugendkulturaustausch zwischen Deutschland und Island bemüht! Ich bin u. a. mit Schüler*innen des Gymnasiums Georgianum zu einem gemeinsamen Theaterworkshop nach Akureyri/Island geflogen. Die Einladung des Bundespräsidenten erschien mir deshalb nicht ganz unbegründet. Der Brief enthielt neben Ort, Datum, Uhrzeit eine Anweisung zur Kleiderordnung und den Hinweis, dass man eine halbe Stunde vor Beginn der Veranstaltung erscheinen möge.

Die Einladung fiel in die Zeit unseres familiären Sommerurlaubs, den wir mit unseren beiden Kindern Anne und Jan auf der kleinen ostfriesischen Insel Baltrum verbringen wollten. Dieser Umstand war für meine Frau ein guter Grund von der Mitreise nach Bonn abzusehen, zumal bei dem Empfang ein langes Abendkleid vorgeschrieben wurde, das sie weder besaß noch hätte tragen wollen. Ich aber war äußerst neugierig und fuhr mit Schiff und Auto erst einmal zurück nach Lingen, um mir einen schwarzen Smoking zu besorgen. Ich hoffte einen solchen in dem großen Kostümfundus des Theaterpädagogischen Zentrums (TPZ) zu finden. Leider wurde ich dort nicht fündig – die Kleidungsstücke passten nicht oder waren zu alt und verschlissen. So machte ich mich auf den Weg in die Bekleidungsgeschäfte der Stadt und fand tatsächlich ein geeignetes Exemplar samt schickem weißen Hemd mit schwarzer Fliege, dazu glänzende schwarze Schuhe und schwarze Socken. Unsere Schneiderin Hanni musste noch kleine Änderungen vornehmen und so eingekleidet konnte ich die Fahrt mit meinem dunkelroten Mazda in Richtung Bonn aufnehmen. Ich fuhr über die Autobahn durch das Ruhrgebiet an Köln vorbei in Richtung Bundeshauptstadt und war sehr gespannt und aufgeregt. Bei der Ausfahrt Brühl bekam ich erstmals feuchte Hände, denn bei einem Blick in den Rückspiegel stellte ich fest, dass eine Reihe von großen schwarzen Limousinen die gleiche Autobahnabfahrt nutzen wollten und sich ein schwarzer Stern nach dem anderen in Richtung Schloss Augustusburg bewegte. Ich war mit meinem kleinen roten Mazda eingekesselt von schwarzen Karossen! Unser Weg führte in einer Art Autokorso durch eine Allee zum Schloss. Die Fahrt wurde dabei immer gemächlicher – dem Anlass entsprechend kam eine feierliche, prozessionshafte Stimmung auf. Drei oder vier Autos fuhren vor mir, als mir das Dilemma bewusst wurde. Die Limousinen hielten kurz vor der Treppe an, ein livrierter Diener öffnete die vordere und die hintere Seitentür des Wagens, die Gäste in ihren eleganten Garderoben stiegen aus und der Wagen fuhr offensichtlich von einem Chauffeur gesteuert weiter auf einen dafür vorgesehenen Parkplatz in der Nähe des Schlosses. Ich hatte Schweißperlen auf der Stirn – was tun?! Ich war allein im Auto – hatte keinen Beifahrer, geschweige denn einen Chauffeur, der meinen Wagen hätte auf den Parkplatz lenken können. Ich gab Gas, startete voll durch und bin an dem verdutzten Portier vorbei zu einem öffentlichen Parkplatz außerhalb des Schlossgeländes gefahren. Ich ging im Smoking mit meinen neuen Lackschuhen den langen Weg zum Schloss zurück und reihte mich ein in die Reihe der Gäste. Der Rest des Abends war aufregend und voller höflicher Etikette: Zuerst erfolgte die Begrüßung jedes einzelnen Gastes auf der großen Treppe des Schlosses durch den Bundespräsidenten und seine Frau. Im Anschluss daran wurde ein vorzügliches Fünfgängemenü an großen, herrlich dekorierten Tischen gereicht. Die Tische waren eingedeckt mit Meißner-Porzellan und Silberbesteck. Es entwickelten sich interessante Gespräche mit den unterschiedlichsten Gästen. Mir hatte man die Frau des Protokollchefs der Bundesregierung zur Seite gestellt! Sie war erstaunlich gut auf das Gespräch mit ihrem Tischnachbarn vorbereitet, denn sie wusste viel über mich und meine Arbeit. Nach einem köstlichen Nachtisch und einigen offiziellen Reden hatte ich die Gelegenheit, bei einem Stehempfang der isländischen Staatspräsidentin von unserem Maskenspektakel während der Mitsommernacht in Akureyri und der gelungenen Kooperation im deutsch-isländischen Jugendaustausch zu berichten. Im Saal war viel Prominenz aus Politik, Sport, Kultur und Gesellschaft. Mit Horst Tappert (Derrick) traf ich mich auf der Herrentoilette zu einem „Smalltalk“, und mit einem Bischof aus Argentinien diskutierte ich über die aktuelle Lage der katholischen Kirche in Südamerika. Offensichtlich werden an solchen Abenden viele Kontakte geknüpft, Vereinbarungen abgesprochen und Weichen für die Zukunft gestellt. Ich verließ die Gesellschaft kurz vor dem Ende der Veranstaltung und spazierte in der aufkommenden Dämmerung zurück zu meinem kleinen roten Mazda. Ich atmete tief durch und ich fühlte mich nun wieder zu Hause!

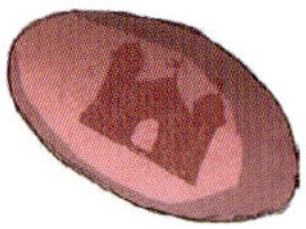

14. Als wir auf einer Theaterbühne mit Eiern beworfen wurden

Die Amateurtheatergruppe „SpielBühne Lingen“ wurde 1979 von Walter Edelmann und mir auf Anregung des städtischen Kulturausschusses gegründet. Zu einem ersten Treffen kamen an einem Freitagabend siebzig interessierte Menschen unterschiedlichen Alters und Geschlechts. Sie wollten alle an dem von der Volkshochschule ausgeschriebenen Theaterkurs im neuen Theater an der Wilhelmshöhe teilnehmen. Manch einer/eine war enttäuscht, dass er/sie von mir keinen Text in die Hand gedrückt bekam, um eine Rolle einstudieren zu können, sondern stattdessen über den Bühnenboden kriechen, laufen, hüpfen oder rutschen sollte. Bevor die ersten kleine Texte gesprochen wurden, mussten sich die Theaterenthusiasten einem mühevollen intensiven Training unterziehen. Walter fühlte sich für das Sprechen und die Stimmbildung verantwortlich, ich für die Körper- und Ausdrucksschulung, das Spiel- und Improvisationstraining sowie die Teambildung. Nach einem Jahr ging es erstmals hinaus auf die Bühne eines Altstadtfestes, um mit kurzen Szenen und Sketchen erste Spiel- und Publikumserfahrungen zu sammeln. Die Gruppe war in der Zwischenzeit auf 30 Personen geschrumpft! Man gründete den Verein „SpielBühne Lingen“ und wagte sich vorsichtig an größere Projekte und abendfüllende Stücke heran.

Kurt Goetz, Dario Fo, Walter Jens und Ionesco standen ebenso auf dem Programm wie Musicals und Theater für Kinder. Mit „Peter Pan“ und „Oliver“ erreichten wir jeweils weit über 10.000 Zuschauer*innen. Besonders erfolgreich war die Produktion „Bernarda Alba“ von Garcia Lorca, mit der wir u. a. zu einem großen Theaterfestival nach Nancy in Frankreich eingeladen wurden. Ein weiterer Höhepunkt der Spieltätigkeit war die Mitwirkung in einem Schauspiel über Kurfürst Clemens August auf dem Bonner Marktplatz, anlässlich des Verfassungsfestes „40 Jahre Bundesrepublik Deutschland“.

Die „SpielBühne“ blieb dem Straßentheater über viele Jahre treu. Sie kaufte sich einen alten Bauwagen, den sie zu einem bunten Theaterkarren mit ausklappbarer Vorbühne umbaute. Das Ziel war ein frisches und lebendiges Theater zu spielen, das auch aktuelle gesellschaftliche Themen in den Blick nahm.

Für ein publikumsnahes Volkstheater eignen sich die Schwänke von Hans Sachs, der schon zu Anfang des 16. Jahrhunderts mit deftigen Episoden volksnahe und zeitlose Theaterstücke verfasste.

Mit einem Programm verschiedener Schwänke von Hans Sachs und aktuellen Bänkelliedern waren wir mehrfach mit unserem Theaterkarren auf dem „Tag der Niedersachsen“ zu Gast. Der Landestag wird jedes Jahr von einer anderen Stadt im großen Flächenland Niedersachsen ausgerichtet. Vereine, Organisationen und Verbände ganz unterschiedlicher inhaltlicher Prägung nehmen daran teil.

Die kurzen Stücke von Hans Sachs waren ideal für ein Laufpublikum, das sich eng gedrängt um unseren Theaterkarren scharrte.

Auf dem Tag der Niedersachen 1987 in Nienburg an der Weser hatten wir einen guten Stellplatz inmitten der Stadt zugewiesen bekommen, an dem wir unser Bühnenprogramm von Freitagabend bis Sonntagnachmittag in kurzen Zeitabschnitten präsentieren konnten.

In dem Schwank „Der tote Mann“ thematisiert Hans Sachs menschliche Schwächen, Glaubwürdigkeit und eheliche Treue. Der Ehegatte stellt sich tot, um herauszufinden, wie er nach seinem Tod von seiner Frau behandelt würde. Er legt sich dabei regungslos auf den Bühnenboden und muss in dem Spiel erleben, dass anstelle von Betroffenheit und Trauer seine Frau ihn mit Hasstiraden und Schmährufen überschüttet.

In Nienburg lag ich in der Rolle des toten Mannes regungslos auf der kleinen Bühne unseres Theaterkarrens. Ich musste das Gezeter der Frau (Ulla Gräser) über mich ergehen lassen, als ich plötzlich durch ein klatschendes Geräusch aufgeschreckt wurde. Da ich mich in meiner Rolle nicht rühren durfte, wusste ich nicht, was um mich herum passiert war. Es machte ein zweites und drittes Mal neben mir „klatsch“, als hätte ein großer Vogel seinen Kot auf uns abgeworfen. Wie sich am Ende der Aufführung herausstellte, hatte ein Zuschauer aus einem Obergeschoss des nahgelegenen Hauses Eier auf die Bühne geworfen, um sein Missfallen über die „laute Veranstaltung“ auszudrücken oder um sich nur einen Spaß zu erlauben.

Trotz des „eierglatten Bodens“ spielten wir den Schwank zu Ende und wurden dafür mit großem Applaus belohnt!

So zeigt sich Theater lebendig und lebensnah!

Kikeriki

15. Als ich vor zwölf Millionen Fernsehzuschauern meinen Einsatz verpasste

Zu den Höhepunkten in Lingen im Jahr 1988 zählte die Partnerschaft mit der Fernsehlotterie „Ein Platz an der Sonne“. Den Abschluss des Partnerschaftsjahres bildete eine große Gala im Theater an der Wilhelmshöhe, die vom Ersten Deutschen Fernsehen live übertragen wurde. Etwa 12 Millionen Zuschauer verfolgten laut Aussage der ARD an einem Samstagnachmittag die Sendung, die von Max Schautzer moderiert wurde. Mit großem Stolz konnte Oberbürgermeister Hans Klukkert der „Stiftung Fernsehlotterie“ einen Scheck von 340.000 D-Mark übergeben, die die Bürger*innen der Stadt gespendet, gesammelt oder durch verschiedene Aktionen eingeworben hatten.[4]

Max Schautzer präsentierte im Theater an der Wilhelmshöhe ein buntes Programm mit Musik, Tanz, Interviews, sowie der Bekanntgabe der Losnummern für die Hauptgewinne. Neben Ivan Rebroff mit dem Lied „Wenn ich einmal reich wär“ aus dem Musical „Anatevka“ haben Mary Roos und ihr damaliger Partner Werner Böhm, alias Gottlieb Wendehals mit musikalischen Beiträgen das Programm bereichert. Aus der Vielzahl lokaler Gruppen wurde von der Regie neben dem Lingener Blasorchester die Gruppe „Herzeleid“ ausgewählt. „Herzeleid“ hatte die Tradition des Bänkelgesangs aufgegriffen und erzählte mit Drehorgel und Bildtafeln von Liebe, Mord und anderen schändlichen Taten. Unser Beitrag zur Fernsehsendung war eine gutmütige Persiflage auf die Stadt und ihre Errungenschaften in eintausend Jahren. Die Gruppe „Herzeleid“ bestand aus Elisabeth Niemann, Doris Schweitzer und mir. Wir sind bei Stadtfesten, Tagen der Niedersachsen und anderen privaten Gelegenheiten aufgetreten, am liebsten draußen im mittelbaren

---

[4] Vgl. Karl-Heinz Vehring: Lingen - Zentrum einer Region; Edition Virgines, Düsseldorf 2013, S. 371 f.

Kontakt mit dem Publikum, aber ohne Technik, Licht und Verstärkung, so wie es die Fahrensleute früherer Jahrhunderte praktiziert haben.

Nach der Generalprobe am Samstagvormittag kam der Regisseur der Sendung Sigmar Börger auf uns zu und entschied, dass unser Gesangsbeitrag als Playback-Version gesendet werden sollte. Er hatte Bedenken, dass ich meinen „Hahnenschrei" live nicht sicher über die Bühne bringen würde. Wir haben protestiert mit dem Argument, dass wir dieses Lied schon viele Male ohne Probleme vorgetragen haben. Besonders fühlte ich mich in meiner Hahnenehre gekränkt, weil ich das „Kikeriki" bislang immer perfekt aus meiner Kehle jodeln konnte. Es blieb dabei! Unser Gesang wurde aufgezeichnet und in unseren Auftritt eingespielt. Wir bewegten unsere Münder so wie es der Text vorgab. Das klappte bis zur 3.Strophe ganz prima, bis ich vergaß – alle Kameras waren auf mein Gesicht gerichtet – bei dem eingespielten Hahnenschrei meinen Mund zu öffnen. Ich soll nett lächelnd in die Kamera geblickt und meinen Lippen aufeinandergepresst haben, so dass jeder Zuschauer sofort merken konnte: der Hahnenschrei wird nicht live vorgetragen, sondern kommt aus der Konserve!

Der Regisseur war nach der Sendung ärgerlich und meine Karriere als Fernsehstar war damit auch schon beendet! Ich aber bestand auf der Feststellung: mit Live-Gesang und ohne Playback wäre das nicht passiert!

Das Lied

Hört Leute wir singen mit Freude von Lingen mit Bürgern stolz und frei. Vor tausend Jahre, da gabs viele Kriege die hauten die Stadt entzwei.

Da nahm man die Bürgersöhne, auch Kiveling genannt und stellte sie auf die höchsten Türme zu wachen übers Land.

Heut kämpft man nicht mehr mit Lanzen und Keulen in unserer modernen Stadt, der Rat in seiner Weisheit und Würde ganz andere Sorgen hat.

Wenn dunkle Umwelt-Wolken über dem Rathaus stehn, dann wünscht sich mancher, ach lieber Herrgott, lass sie doch vom Winde verwehn.

Von all den vielen Kirchturmspitzen manch lockre Hähne krähn (Hahnenschrei), jedoch wirst du in unserem Städtchen nur saubre Fassaden sehn.

Wir tragen unterm Hemde ein Herz voll Sonnenschein. Wollt ihr es sehn, so kommt doch nach Lingen, wir laden euch herzlich ein.

Text: Schweizer/Niemann
Musik: trad.

everywhere

16. Wie ich den Kindern der Welt ein Theaterfest schenkte

Das „Welt-Kindertheater-Fest“ (WKT) ist das schönste und strahlendste Ergebnis meiner theaterpädagogischen Arbeit. Meine jahrelangen Bemühungen für das Theater und die kulturelle Bildung von Kindern finden in dieser Veranstaltung ihren lebendigen Ausdruck.

Die Geschichte der Welt-Kindertheater-Feste begann 1985 mit der Reise einer Schultheatergruppe des Gymnasiums Georgianum aus Lingen nach Monaco. Mit der „Kleinbürgerhochzeit“ von Bertolt Brecht und Masken der „Commedia Dell'arte“ im Gepäck reisten sechzehn junge Menschen auf Empfehlung des Bundes Deutscher Amateurtheater (BDAT) zu dem Welttheaterfestival. Das Theaterfest wurde 1957 auf Initiative der Fürstin Gracia Patricia gegründet und findet seitdem alle vier Jahre unter dem Patronat der fürstlichen Familie in Monaco statt. Wir waren fasziniert von den vielfältigen Ausdrucksformen des Theaters in der Welt, dem vielfältigen Austausch zwischen den Kulturen, Nationen und Kontinenten und den freundschaftlichen Beziehungen der Menschen aus Ost und West, Nord und Süd. Im Programm des Festivals fehlte mir allerdings der Auftritt einer Kindertheatergruppe. Kinder sollten meiner Meinung und Erfahrung nach bereits früh in den künstlerischen und interkulturellen Dialog eingebunden werden. Im Theaterpädagogischen Zentrum (TPZ) hatten wir seit 1982 gute Erfahrungen mit einem kleinen, lokalen Festival von Kindern für Kinder gemacht. Junge Menschen im Alter von 5-15 Jahren präsentieren dabei einmal im Jahr die Ergebnisse der theaterpädagogischen Arbeit einem interessierten Publikum.

Das Theaterspiel mit Kindern war in den achtziger Jahren in Deutschland eine vornehmlich spielpädagogisch orientierte Disziplin. Unsere Bemühungen um ein „Welt-Kindertheater-Fest“ wurde von vielen Pädagog*innen und anderen Verbands- und Interessenvertreter*innen kritisch beobachtet, denn den Kindern wurde

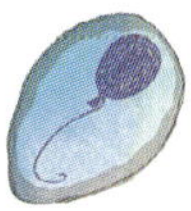

keine eigene künstlerische Kompetenz und Gestaltungskraft zugesprochen. Nach dem ersten Impuls im Jahr 1985 brauchte es viel Überzeugungskraft, um die Idee eines ersten Welt-Kindertheater-Festes Wirklichkeit werden zu lassen. Vor allem aber mussten Förderer und Geldgeber gefunden werden, die eine solche weltweite Veranstaltung möglich machten.

Nachdem der Weltamateurtheaterverband (IATA(AITA) nach intensiver Diskussion der Idee positiv gegenüberstand und wir das Kinderhilfswerk der Vereinten Nationen (UNICEF) zur Übernahme der ideellen Partnerschaft gewinnen konnten, gingen endlich die Türen auf zur Finanzierung und Verwirklichung des Projekts. Vor allem aber konnte ich die Stadt Lingen dazu bewegen, die Veranstaltung sowohl personell als auch finanziell großzügig zu unterstützen.

„Als sich am 14.April 1990 zum ersten Mal der Vorhang hob und 22 Kindertheatergruppen aus ebenso vielen Ländern rund um den Globus sich im Theater an der Wilhelmshöhe dem neugierigen Publikum präsentierten, ging ein Traum in Erfüllung. Die grenzenlose Lust auf Begegnung, die Unvoreingenommenheit, aber auch die spielerische Leidenschaft und die Ausdrucksstärke der Kinder haben die Zuschauer begeistert. Die Theaterkinder hatte sich ihre Bühne erobert. Von hieraus entdeckten sie spielend, tanzend und singend die Welt“.[5]

Seitdem findet das WKT alle zwei Jahre in einem anderen Land statt, aber alle vier Jahre kehrt es an seinen Entstehungsort Lingen zurück. Mit der Gründung des Theaterpädagogischen Zentrums (TPZ) im Jahr 1980 wurde der Grundstein gelegt für diese weltumspannende Veranstaltung von Kindern für Kinder.

Die Geschichte des WKT ist in erster Linie die Geschichte von vielen wunderbaren Menschen, denen ich auf dem langen Weg begegnet bin. Sie haben mich unterstützt, kritisch begleitet und gefördert. Mit ihren Ideen, Impulsen und ihrer tatkräf-

---

[5] Vgl. Norbert Radermacher (Hg.): Theater mit allen; Schibri Verlag, Berlin, Mirow, Strasburg 2014, S. 127 ff

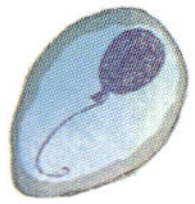

tigen Arbeit haben sie dazu beigetragen, dass ein Traum Wirklichkeit geworden ist. Besondere Unterstützung habe ich erfahren von Anne-Marie, Katrin, Anneliese, Doris, Rudolf, Bernd u.v.a.m.

Stellvertretend für alle Teilnehmer*innen zitiere ich die Aussage eines kleinen Jungen aus Uganda, der während der Abschlussfeier eines WKT im Festivalpark auf mich zukam, mir dabei fest in die Augen sah und mich bat. „Dear father, let's stay here - let's build our world here!" Ich zögerte kurz und antwortete dann: " Dear boy – let's build our world everywhere!" Der Junge überlegte und schaute mich dabei ernst an. Schließlich antwortete er: „Yes we do!"[6] Dann ging er fröhlich und stolz zurück in die Runde seiner Spielkamerad*innen.

Das erste deutsche Kindertheaterfest wurde auf Initiative von Frank Grünert und mir vierzehn Jahre später (2004) vom Bund Deutscher Amateurtheater in Rudolstadt (Thüringen) veranstaltet. Seitdem wird die Frage nach der künstlerischen Qualität von Theaterarbeit mit Kindern und Jugendlichen auch in Deutschland neu diskutiert.[7]

---

[6] Übersetzung: „Lieber Vater, lasst uns hierbleiben – lasst uns unsere Welt hier bauen!" – „Lieber Junge, lasst uns unsere Welt überall bauen" – „Ja, das tun wir!"
[7] Vgl. Theater mit allen, ebda.,S. 137

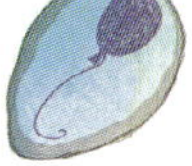

Das Meer war ruhig und versteckte
hig und versteckte seine
Geheimnisse unter einer tiefgründigen
te seine Geheimnisse unter einer
gen schwarzen
versteckte seine
unter einer tiefgründigen

17. Als ich bei einer Bootsfahrt im Schwarzen Meer getauft wurde

Ich wurde oft zu Festivals und Tagungen nach Russland und in die Ukraine eingeladen und durfte die Gastfreundschaft der Menschen in diesen Ländern erleben. Ich lernte viele Kolleg*innen kennen, denen der einzelne Mensch weitaus mehr bedeutete als die politischen Umstände und die unterschiedlichen Ideologien. Eine ganz besondere Bestätigung der Freundschaft erhielt ich 1991 bei dem Besuch eines Kindertheaterfestivals in Jewpatorija auf der Krim – einer Badestadt am Schwarzen Meer. Schon der Flug von Moskau nach Simferopol war ungewöhnlich und aufregend für einen sicherheitsverwöhnten Fluggast aus dem Westen. Im Flugzeug gab es entweder keine Anschnallgurte, oder aber sie funktionierten nicht mehr. Sicherheitsvorschriften schienen eher hinderlich, denn während des Fluges herrschte ein geschäftiges Treiben zwischen den Gängen. Es gipfelte darin, dass man mir neben Gemüse und Lotterielosen sogar ein lebendiges Huhn zum Kauf anbot. Aufgrund der weltpolitischen Lage war ich der einzige ausländische Gast in der Stadt am Schwarzen Meer. Die Gastgeber und Organisatoren waren hocherfreut über meine Anwesenheit und lobten meinen Mut, die Reise unternommen zu haben. Auf meinem Zwischenstopp in Moskau stand ich zwei Tage nach dem Augustputsch in den brennenden Barrikaden vor dem „Weissen Haus" von Präsident Jelzin, und in Jewpatorija konnte ich beobachten, wie Arbeiter mit einer Flex die viele Meter lange Inschrift „Der Kommunismus wird siegen" zu entfernen versuchten. Es war eine aufwühlende und unruhige Zeit und mittendrin zelebrierte man ein fröhliches, buntes und kreatives Kindertheaterfest. Allein schon der Flug von Berlin-Schönefeld nach Moskau war beklemmend, denn in der großen Aeroflot-Maschine saßen neben mir nur noch drei westliche Journalisten. Niemand sonst hatte den Mut, in der explosiven Glutschüssel Moskau zu landen, geschweige denn an einem Kindertheaterfest auf der Krim teilzunehmen. Aber mein Besuch hat sich

in vielerlei Hinsicht gelohnt. Mit großer Überraschung und Freude stellte ich fest, dass das Gebäude, in dem das Kindertheater zu Hause war, zu den schönsten Häusern der Stadt zählte und das Festival für viele Menschen ein befreiendes und bewegendes Ereignis war. Zahlreiche Theatergruppen aus der damaligen Sowjetunion von Leningrad bis Novosibirsk von Wladiwostok bis Minsk zeigten ihre Produktionen und bestärkten mich darin, das Welt-Kindertheater-Fest, das ich 1990 ins Leben gerufen hatte, weiterhin durchzuführen. Auch in Jewpatorija trafen unterschiedliche Völker und Kulturen aufeinander. Die künstlerische Vielfalt und die Darstellungsformen reichten von einem in Rollschuhen getanzten Märchen bis zu einer ausdrucksvollen, pantomimisch vorgetragenen Geschichte, gespielt von taubstummen Kindern (PIANO) aus Nishni Novgorod. Eine theatrale Installation zum Andenken an die Katastrophe von Tschernobyl mit tausenden Kerzen im Hafen von Jevpatorija bewegte uns alle. Die Produktionen der Theatergruppen wurden bejubelt und die bemerkenswerten künstlerischen Leistungen der Kinder wurden mit viel Applaus gewürdigt.

An einem aufführungsfreien Tag lud mich Jurij, der Direktor des Kindertheaterhauses, ein zu einer Schiffsreise mit dem hauseigenen Zweimaster auf das Schwarze Meer. Am frühen Morgen ging es hinaus auf die ruhig liegende See, so dass wir die Segel nicht setzen konnten und stattdessen den Dieselmotor anwerfen mussten. Jurij war nicht nur Leiter des Festivals, sondern gleichzeitig auch der Kapitän des Schiffes. Mit ihm an Bord waren fünf Matrosen, einige russische Theaterfreund*-innen und ich. Die Konversation unter Deck wurde mit wenigen russischen und deutschen Sprachbrocken, aber mit viel Gestik und Mimik geführt. Nach jedem weiteren Glas Wodka verstanden wir uns besser. Der Wodka wurde nicht aus Schnapsgläsern, sondern aus Bechern getrunken! Es gab tausend von Anlässen, das Glas zu heben und einen Toast auszusprechen: auf die deutsch-russische Freundschaft, auf Gorbatschow, auf das Festival und die Kinder, auf das Meer und

die Frauen, auf die Liebe und das Leben. Überall in der Kombüse hing an Schnüren Trockenfisch, der von Jurij mit einem scharfen Messer in mundgerechte Stücke geschnitten wurde. Ich aß an diesem Tag nichts anderes als Trockenfisch, aber er hat mich vor einem noch größeren „Blackout“ bewahrt. Nach einiger Zeit stiegen wir auf Aufforderung des Kapitäns wieder an Deck. Die Luft erschien mir seltsam weich und betörend, das Meer war ruhig und versteckte seine Geheimnisse unter einer tiefgründigen dunklen Oberfläche. So kam ich dem Vorschlag des Kapitäns nach, mich im Wasser abzukühlen. Die Taufe konnte beginnen. Ich stieg an einer Hängeleiter in die angenehm warme See und umrundete schwimmend zweimal das Schiff, wobei die Matrosen an Deck mit langen Stangen Aufsicht führten. Nach diesem erfrischenden Bad ging es wieder die steile Treppe hinunter auf die Holzhocker in der Kombüse. Dort wartete bereits der nächste Toast! Zuerst wurden meine Schwimmkünste gewürdigt, dann das Meer und der liebe Gott. Die Schiffsumrundung musste ich noch ein zweites Mal wiederholen, aber mir wurde versichert, dass diese Prozedur meine Gesundheit stärke. Mit der zweiten Umrundung hatte ich die Schiffstaufe bestanden! An den folgenden Tag konnte ich mich nicht mehr so recht erinnern, wohl aber an das großartige Festival und die vielen liebenswerten Menschen auf der Krim.

Diese Episode macht deutlich, dass wir 1991 in Sachen Frieden und Völkerfreundschaft viel weiter waren als heute im Jahr 2023.

ist mir bis
wie die folgende.

18. Als ich in Antalya den türkischen Kulturminister mit einem Glas Rotwein übergoss

Ich erzähle in diesem Buch von vielen abenteuerlichen und amüsanten Begegnungen, aber auch von nachdenklichen und traurigen Ereignissen. Keine Begebenheit ist mir bis heute so peinlich wie die folgende:

Nach der Eröffnung des 2. Welt-Kindertheater-Festes im Jahr 1992 in Antalya/Türkei an dem auch der Oberbürgermeister der Stadt Lingen Bernd Neuhaus teilnahm, hatte der türkische Kulturminister zu einem Empfang in ein Fünf-Sterne-Hotel eingeladen. An festlich gedeckten Tischen versammelten sich Minister, Politiker, Festivalorganisatoren und andere Persönlichkeiten des öffentlichen Lebens. An der rechten Seite der Tafel saß die Ministerialriege, ihnen gegenüber die Presse und die kommunalen Politiker. Die deutsche Delegation hatte gemeinsam mit den Repräsentant*innen des Welt-Amateurtheater-Verbandes (AITA/IATA) gegenüber dem türkischen Team um Tamer Levent, dem Direktor des Türkischen Theaterverbandes (TOBAV), Platz genommen. Nach der Begrüßung mit einigen längeren Reden war es an mir, mich höflich für die Einladung zu bedanken und dem bevorstehenden Festival viel Erfolg und den teilnehmenden Kindern aus aller Welt viel Freude zu wünschen. Also stand ich auf, erhob mein Glas mit Rotwein und eilte nach wenigen Worten auf meinen Theaterfreund Tamer Levent zu, der an dem gegenüberliegenden Tisch saß, um mit ihm ganz persönlich anzustoßen und dabei meiner Freude Ausdruck zu verleihen, dass das 2. Welt-Kindertheater-Fest, dank seiner Initiative, in Antalya realisiert werden konnte. Mit schnellem Schritt eilte ich durch den Saal und übersah eine Säule, die inmitten des Raumes stand. Dabei überschüttete ich den Türkischen Kulturminister, der neben diesem Hindernis saß, mit einem Glas guten türkischen Weins. Sein feiner Anzug und sein weißes Hemd verfärbten sich! Mir blieb im starren Entsetzen über dieses Missgeschick nur die

Feststellung: „Sorry Sir, I have an insurance“ .Ein mühsames Lächeln des Ministers und eine totale Konfusion auf beiden Seiten waren die ersten Reaktionen, aber der Minister nahm den Vorfall gelassen, zumal gleich mehrere Helfer zur Stelle waren. Dieser missliche Zwischenfall hat der deutsch-türkischen Theaterfreundschaft nicht geschadet. Wir erlebten ein großartiges 2. Welt-Kindertheater-Fest. Mit dieser zweiten Auflage begann die Reise des Festivals durch die Welt.

19. Als ich in Kanada Shakespeare und den Jewish People begegnet bin

Im Jahr 2014 fand das Welt-Kindertheater-Fest zum ersten Mal auf dem nordamerikanischen Kontinent statt. Ron Dodson hatte die Initiative übernommen und die Kinder der Welt zum 14. „World Festival of Children's Theatre" in seine Heimatstadt Stratford in Kanada eingeladen. Die Stadt ist benannt nach der englischen Stadt „Stratford upon Avon", dem Geburtsort von William Shakespeare. Es finden sich in dem Kanadischen Ort viele Bezüge zum englischen Namensgeber vom „Shakespeare Rosengarten" bis zum „Shakespeare Beer".

In jedem Jahr veranstaltet Stratford von April bis Oktober ein „Shakespeare Festival", zu dem viele tausend Menschen aus ganz Nordamerika anreisen. Bedeutende Schauspieler*innen, Fernseh- und Filmstars sind in dem Theater der Stadt aufgetreten, das wie eine traditionelle Shakespeare-Bühne aufgebaut ist.

Stratford ist eine kleine, aber bedeutende Kulturstadt unweit von Toronto. Neben dem Theaterfest organisiert die Stadt jedes Jahr ein großes Musikfestival mit Künstler*innen aus der ganzen Welt. Stratford ist auch die Heimatstadt von Justin Bieber, der als Junge auf den Treppenstufen zum Theater mit seiner Gitarre gespielt und gesungen hat. Vor dem Theater steht eine überlebensgroße Statue des berühmten britischen Dramatikers Shakespeare. Ich habe sie mehrfach ehrfürchtig umrundet in der Hoffnung, dass ein wenig von seiner Genialität auf mich herabträufelt. Allein die kulturelle Aufgeschlossenheit der Stadt hinterließ bei mir eine große Wirkung. Die Theaterkinder der Welt waren in Stratford herzlich willkommen. Sie überzeugten mit ihren Aufführungen die zahlreichen Besucher*innen und Gäste aus 20 Ländern der Erde.

Ich bekam die Möglichkeit, gemeinsam mit meinen Kolleg*innen an einem Symposium der berühmten „University of Waterloo" teilzunehmen und vor den Student*in-

» Alle für einen und einer für alle
war offensichtlich d das Lebensprinzi
dieser Gemeinschaft, die hier i
Frieden und sozialer Verantwortung
miteinander lebten

nen über die theaterpädagogische Arbeit in Deutschland und die Entstehung des Welt-Kindertheater-Festes zu referieren.

An einem aufführungsfreien Tag verabredeten sich Christel, Bernd, Stefan und ich zu einem Ausflug an die „Niagara Fälle“. Mit dem Auto benötigt man ca. zweieinhalb Stunden für diese Reise. Mit einem Leihwagen ging es von Stratford über Hamilton zu den „Niagara Water Falls“. Wir erlebten ein gigantisches Wasserspektakel, das mit einem höllischen Lärm einherging. Mit einem Touristenboot konnten wir nahe an die Wasserfälle heranfahren. Die Gischt durchnässte unsere Kleidung. Das unbändige Naturschauspiel an der Grenze zwischen Kanada und den Vereinigten Staaten lädt jeden Tag viele tausend Menschen aus der ganzen Welt ein. Entsprechend zahlreich sind die Touristenbüros, Souvenirshops und Restaurants. Ein buntes, vielsprachiges Leben erfüllt den Ort. Die Suche nach dem besten Standort für Fotos wird zu einer Schieberei und zu einem unliebsamen Gedrängel. Die großen Parkplätze sind total überfüllt. Wir waren froh, unser Auto nach dem Besuch wiedergefunden und Niagara nach unserem Bootstrip schnell verlassen zu können.

Auf dem Weg zurück nach Stratford fuhren wir durch die Stadt „Kitchener“, die 1833 von deutschen Auswanderern als Stadt „Berlin“ gegründet wurde. Infolge der antideutschen Stimmung während des Ersten Weltkrieges wurde nach einem Volksentscheid die Stadt Berlin 1916 in „Kitchener“ umbenannt. Im 19. und 20. Jahrhundert ließen sich viele jüdische Familien in der Region nieder und nach dem Zweiten Weltkrieg kamen zahleiche Holocaust-Überlebende und siedelten sich in Kitchener und Umgebung an. Die Region wurde zu einem Zentrum des jüdischen Lebens in Kanada und zu einem Gedenkort für die Gräueltaten des Nazi-Regimes. Wir fuhren heraus aufs Land, um eine jüdische Ansiedlung kennenzulernen und mit den Menschen ins Gespräch zu kommen. Nach wenigen Kilometern erreichten wir eine dörfliche Siedlung, die uns an das Landleben in Deutschland in den fünfziger

Jahren erinnerte. Ein schmaler Weg führte entlang eines kleinen Flusses zu den Häusern, Werkstätten und Verkaufsläden. Angeboten wurden Erzeugnisse aus eigener Herstellung: Glas- und Töpferwaren, indianisches Kunsthandwerk und Stoffe, aber auch Lebensmittel, Honig und Getränke. Ich erstand ein mundgeblasenes, dickwandiges Glas, aus dem ich heute noch mit Genuss mein Bier trinke.

Die ruhige, gelassene Atmosphäre in dem Dorf ist beindruckend: Kein lautes Geschrei, keine schrillen Maschinengeräusche oder Radiodurchsagen, sogar die Schafe verhielten sich sonderbar still. Die Freundlichkeit der Menschen hat uns berührt. Auf Nachfrage berichteten sie von ihrem Leben, der Auswanderung der Eltern und Großeltern und dem Glück, in Kanada eine neue Heimat gefunden zu haben. Die Kinder trugen einfache, oft schwarz-weiße Kleidung und auf den Köpfen der jungen Männern sah man häufig die Kippa oder einen schwarzen Hut. Das Bild des Dorfes war genau das Gegenteil der bunten und lauten Welt an den Niagara Fällen.

Auf einem kleinen Platz saßen jüdische Aussiedler mit amerikanischen Ureinwohnern und muslimischen Geistlichen zusammen und debattierten. „Alle für einen und einer für alle“ war offensichtlich das Lebensprinzip dieser Gemeinschaft, die hier in Frieden und sozialer Verantwortung miteinander lebten. Nichts schien angestrengt und hektisch, als hätte sich eine Decke der Gelassenheit über das Dorf gelegt. Obwohl wir offensichtlich willkommen waren, hatten wir das Gefühl zu stören. Leise gingen wir zu unserem Auto zurück. Es war ein kurzer Besuch, aber der Aufenthalt in der jüdischen Kolonie hat bei uns einen tiefen Eindruck hinterlassen.

20. Als wir in einem indonesischen Reisfeld eine wunderbare Idee hatten

Peggy Melati Sukma lernte ich auf dem Welt-Kindertheater-Fest 2006 in Lingen kennen. Sie begleitete nicht nur die indonesische Kindertheatergruppe „Tanah Air“, sondern sie hatte die Reise auch organisatorisch und finanziell unterstützt. Wie sich in einem Gespräch mit der Gruppe herausstellte, war Peggy in Indonesien ein Medienstar mit eigenen Fernsehshows, Talkrunden und Plattenlabels. Ihre prominente Stellung hat sie während des Festivals nicht öffentlich kundgetan. Sie reihte sich bescheiden ein in die Abläufe der Veranstaltung. Die indonesische Botschafterin kam allerdings extra aus Berlin nach Lingen angereist, um Peggy zu sehen und ihre Theatergruppe kennenzulernen.

Ich hatte erst beim Anschlussfest im Festivalpark die Gelegenheit, mich mit Peggy länger unterhalten zu können. Wir tauschten uns über die Qualität der Aufführungen aus und diskutierten sehr intensiv über die Bedingungen, unter denen Kinder künstlerisch arbeiten. Wir waren uns schnell einig, dass eine kulturelle Bildung für die Entwicklung von Kindern enorm wichtig ist und ihnen hilft, ihr Leben zufrieden und erfolgreich zu gestalten. Deshalb muss viel mehr für die kulturelle Bildung getan werden, insbesondere dort wo Kinder Not leiden. Peggy hatte in Indonesien ihre prominente Stellung bereits genutzt, um Kindern, die von Armut und Hungersnot betroffen sind, zu helfen und ihnen Orte der Geborgenheit und Bildung zu geben.

Bei der verheerenden Flut am 26.12.2004 im Indischen Ozean verloren ca. 230.000 Menschen durch einen gigantischen und alles vernichtenden Tsunami ihr Leben. Peggy Melati Sukma war den Medienberichten zufolge eine der treibenden Kräfte in der Mobilisierung der staatlichen Hilfsorganisationen und der Armee des Landes zur Rettung der Betroffenen. Über eine halbe Million Menschen waren obdachlos, davon viele in der Region Banda Aceh - an der Nordspitze der Insel Sumatra.

Jugendliche, die malen,
musizieren, tanzen, filmen
spielen, entdecken in der
eigenen Potenziale

Dort hat sie auch den Grundstein gelegt für viele soziale und künstlerische Projekte.

Peggy ist genauso wie ich davon überzeugt, dass die künstlerische und kulturelle Bildung Kindern helfen kann, Traumata zu überwinden und hoffnungsvoll ein neues Leben zu beginnen.

Leider war an diesem Abend keine Zeit, das Thema zu vertiefen, deshalb lud sie mich noch am gleichen Abend nach Jakarta ein, um dort an Schulen und Hochschulen über das Welt-Kindertheater-Fest zu berichten und um über Strukturen und Inhalte eines neuen Kinderhilfswerks nachzudenken.

Im September 2006 reiste ich nach einem Festivalbesuch in Delhi/Indien weiter nach Jakarta in Indonesien. Nach einem herzlichen Empfang durch die Theatergruppe „Tanah Air“ mit ihrem Leiter Jose Rizal Manua, hatte ich die Gelegenheit, einen Theaterworkshop für mehr als fünfzig Kinder zu geben. Sie hatten an den Spielen und Übungen von Augusto Boal viel Freude und entwickelten eine große Spiellust.

Am nächsten Tag lud mich Peggy in ihr Elternhaus ein, das am Stadtrand von Jakarta in einer ruhigen, vornehmlich landwirtschaftlich geprägten Gegend liegt.

Ich war in Peggys Fernseh-Liveshows zu Gast und zog mit ihr durch die Trödelmärkte in Jakarta, um alte javanische Spielpuppen zu erwerben, die ich für mein Theatermuseum sammelte. Gleich neben ihrem Elternhaus stand etwas abseits in einem Reisfeld eine offene Bambushütte, die wir für unseren Gedankenaustausch nutzten. An einem Vormittag zogen wir uns mit einer Karaffe Fruchtsaft dorthin zurück. In der Idylle dieser wunderschönen Landschaft dachten wir darüber nach, wie wir bildungsfernen und notleidenden Kindern langfristig und systematisch helfen könnten. Wir entwickelten die Idee, eine internationale Organisation zu gründen, die sich für das Recht der Kinder auf Bildung einsetzt. Da es weltweit bereits viele dieser Kinderhilfsorganisationen gab, sollte der Fokus unserer

Organisation auf der Förderung der kulturellen Bildung liegen. Die Grundidee unseres Konzepts war, die künstlerischen kreativen Potentiale der Kinder zu nutzen und zu entwickeln.

In der Beschäftigung mit Kunst und Kultur sollen die Kinder lernen, die Welt in einer künstlerischen Art zu sehen und zu erklären. Sie erlernen damit auch Strategien zur Bewältigung des Alltags.

„Kinder und Jugendliche, die malen, dichten, musizieren, tanzen, filmen oder Theater spielen, entdecken in der Kunst ihre eigenen Potenziale und entwickeln dadurch Kraft und wichtige (Über-)Lebenskompetenzen.“[8]

In den folgenden Monaten und Jahren haben wir bei Gesprächen in Südkorea und Pakistan diesen Gedanken weiter verfolgt und erstellten einen ersten Satzungsentwurf.

Im Frühjahr 2008 wurde „Arts by Children – Voices for a Better World” (ABC) von engagierten Künstler*innen aus sieben Nationen in Lingen gegründet. Peggy Melati Sukma wurde die erste Präsidentin. ABC unterstützt heute erfolgreich Kultur- und Bildungsprojekte in Bangladesch, Nepal, Bolivien und Uganda, aber auch andere internationale Maßnahmen und Hilfsprojekte in Deutschland.

So ist aus einem kurzen Gespräch während eines Welt-Kindetheater-Festes in Lingen eine international agierende Organisation entstanden, die benachteiligten Kindern und jungen Menschen die Chance gibt, ihre kreativen künstlerischen Potenziale zu entwickeln und nutzbar zu machen.

Ich bin Peggy Melati Sukma sehr dankbar für die Einladung nach Jakarta und ihren unermüdlichen Einsatz für notleidende Kinder in der Welt.

---

[8] Vgl Flyer „Arts by Children“, 2013

21. Wie ich in Bangladesch die Folgen einer Flutkatastrophe miterlebte

Mit Ali Lucky aus Bangladesch bin ich seit dem Welt-Kindertheater-Fest 1994 in Lingen befreundet. Ich bewundere seine Theaterproduktionen mit jungen Menschen ebenso wie seine soziale Arbeit in Bangladesch, wo er in einem landesweiten Netzwerk (People's Theatre Association) über 250 Kinder- und Jugendtheatergruppen zusammengeführt hat. Der Schwerpunkt seiner Tätigkeit liegt in der Förderung von Kindern und Jugendlichen, die unter prekären Bedingungen leben. Ali Lucky unterstützt Jugendliche, die in Gefängnissen einsitzen oder in Slums leben ebenso, wie die Bevölkerungsgruppe der Rochingya, die aus Myanmar vertrieben wurden und ethnisch ausgegrenzt im Norden von Bangladesch leben. Er ist genauso wie ich davon überzeugt, dass das Theaterspiel junge Menschen selbstbewusst und stark fürs Leben macht.

Ali Lucky hatte mich immer wieder eingeladen, sein Land mit seiner vielfältigen Theaterlandschaft zu besuchen. Mein Plan war es, nach dem „International Festival of Performing Arts" 2007 in Delhi/Indien einen Abstecher nach Bangladesch zu unternehmen. Allerdings ereignete sich im November desgleichen Jahres eine dieser schrecklichen Flutkatastrophen, von denen Bangladesch immer wieder heimgesucht wird. Die geographische Lage am Golf von Bengalen mit den Mündungsdeltas der großen Flüssen Brahmaputra, Ganges und Meghna sowie dem flachen, teils unter dem Meeresspiegel liegenden Hinterland machen Bangladesch zu einem der von Überschwemmungen am meisten betroffenen Regionen der Welt. Der Klimawandel und die damit verbundene Steigerung des Meeresspiegels werden dem Land zum Verhängnis. Prognosen weisen darauf hin, dass bis zum Ende unseres Jahrhunderts ein Drittel von Bangladesch im Meer versinken wird. Der Zyklon „Sidre" vernichtete im November 2007 zahlreiche Dörfer und kleine Städte. 750.000 Häuser wurden zerstört, Salzwasser flutete die Reisfelder und

Mir war beim Verlassen der
zumute, als hätte mich die
der Sammelstelle
die Flut selbst

machten sie unfruchtbar. Es waren viele tausend Todesopfer, darunter zahlreiche Kinder zu beklagen. In dem Distrikt Barishal kam die Infrastruktur über Monate zum Erliegen und viele Menschen verhungerten.

Die Katastrophe ereignete sich während meines Aufenthalts in Indien. Angesichts der unübersichtlichen und unsicheren Lage musste ich mich kurzfristig entscheiden, ob ich zurück nach Deutschland fliegen oder ob ich mich mit Ali Lucky und seinen Leuten in die verwüsteten Gebiete im Süden von Bangladesch begeben sollte, um dort den Menschen zu helfen.

Ich entschied mich für die Weiterreise nach Bangladesch. Allerdings waren weder meine aktuelle körperliche Verfassung noch mein ungenügender Impfschutz oder meine Kleidung eine Garantie für eine erfolgreiche Mission!

Nachdem ich am Flughafen in Dhaka angekommen war und wir uns herzlich begrüßt hatten, kauften wir mit meiner Unterstützung 250 l Wasser, 300 Pullover, 250 Mützen, 300 Sandalen, 500 Packungen Biskuits,125 Schokoladen und säckeweise Reis!.

Mit den erworbenen Hilfsgütern fuhren wir dann zum Hafen von Dhaka. Ali Lucky hatte für uns eine Passage auf einem alten Flussdampfer nach Barishal gebucht. Mit ihm und mir waren noch fünf weitere Theaterfreund*innen an Bord. Sie hatten sich bereit erklärt, unseren Hilfstransport zu unterstützen. Die Reise auf dem Strom dauerte die ganze Nacht. Es sollen insgesamt 2.000 Menschen an Bord gewesen sein. Sie lagen eng gedrängt auf den Metallböden der einzelnen Decks. Die hygienischen Verhältnisse auf dem Schiff waren unerträglich. Die Kälte und Nässe zog vom Wasser in unsere Kleider. Ich aß eine Handvoll Reis mit Gemüse und dabei ahnte ich nicht, wie sehr mich diese kleine Speise am nächsten Tag quälen sollte. Das alte Schiff tuckerte über den großen Fluss Brahmaputra, dessen gegenüberliegendes Ufer man nicht mehr erkennen konnte – so breit hatte sich der

Fluss in das Land gefressen. Hunderte von kleinen Booten umkreisten das Schiff und verstopften die Anlegestelle. Das Gewirr von Rikschas, Fahrrädern und Menschen im Hafen von Barishal war unübersehbar und verwirrend.

Im Hafen luden wir die Hilfsgüter in einen geländefähigen Bulli um. Mit einem zweiten Leihwagen fuhren wir dem Wagen hinterher immer tiefer in das vom Zyklon zerstörte und überflutete Land. Der Orkan hatte sich wenige Tage zuvor ereignet und der Umfang der Katastrophe wurde nach Ablauf des Wassers sichtbar. Wir mussten riesige, umgestürzte Bäume zersägen und zur Seite räumen und tiefe Löcher zuschütten, damit wir weiterfahren konnten. Für die 80 Kilometer von Barishal nach Barguna brauchten wir einen ganzen Tag. Eindringlich in Erinnerung sind mir die unendlich langen Reihen von provisorischen Behausungen der Menschen geblieben, die überlebt hatten und durch die Flut aus ihren Dörfern vertrieben wurden. Sie standen am Straßenrand, streckten die Hand aus und bettelten um Almosen oder einen Becher Wasser. In der Luft lag ein Gestank aus toten Tierkadavern und abgebranntem Holz. In der Nacht hatte man Feuer angezündet um die Tiger zu vertreiben, die in den Mangrovenwäldern lebten und durch die Wasserflut ihre angestammten Reviere verloren hatten. Am Himmel kreisten Hubschrauber des Militärs, Sanitätsfahrzeuge der UN versuchten sich durch die engen und kaum befahrbaren Wege durchzukämpfen. Tief in Erinnerung geblieben ist mir ein Feld am Straßenrand mit toten menschlichen Körpern, die mit Tüchern abgedeckt waren. Obwohl die Stadt Barguna über 50 Kilometer vom Meer entfernt liegt, haben die Wassermassen den Ort überschwemmt. Häuser, Schulen und Krankenstationen wurden zerstört. Wie Federn wurden die aus Holz oder Wellblech gebauten Unterkünfte durch die Luft gewirbelt und hunderte Meter weit getragen.

Etwas abseits vom Zentrum des Ortes hatte die Hilfsorganisation „Save the Children" in einem noch im Rohbau befindlichen Gebäude einen Raum geschaffen, um Kinder zu versorgen, die bei dem Orkan und der Flutwelle ihre Familie verloren

hatten. In dem Raum drängten sich über 200 junge Menschen. Die Stille war bedrückend! An Wäscheleinen hingen von den Kindern gemalte Bilder, die von den schrecklichen Erlebnissen der letzten Tage berichteten. Es war der Versuch, die Traumata mittels zeichnerischen Gestaltens zu überwinden. „Save the Children" hatte den überlebenden Kindern frische Kleidung gegeben – sie besaßen nichts mehr! Einige Kinder hatten kleine Erinnerungsstücke in der Hand. Ein Mädchen umklammerte ihr altes durchnässtes Schulbuch. Sie war nicht in der Lage, das Buch loszulassen, um Nahrung aufzunehmen – so verkrampft hielt sie ihre letzte Erinnerung an das Leben mit den Eltern und Geschwistern fest. Sie musste gefüttert werden. Ein anderes Mädchen berichtete, dass ihr Vater sie aufgefordert habe, auf einen Kokusbaum zu klettern, weil sie nicht schwimmen konnte. Das Kind umklammerte die ganze Nacht in ca. vier Meter Höhe den Baum, harrte im Sturm dort aus, bis Helfer sie völlig durchnässt und ermüdet am nächsten Morgen vom Baum herunterholten. Ein kleiner Junge suchte den ganzen Tag nach seiner Familie, bis er schließlich feststellen musste, dass außer ihm niemand mehr aus seiner Familie lebte.

Wir hörten den Kindern lange zu und verteilten mit Hilfe von „Save the Children" unseren Proviant und die Kleidungsstücke. Mir war beim Verlassen der Sammelstelle zumute, als hätte mich die Flut selbst überrollt. Auf der Rückreise nach Deutschland musste ich in Dubai einen Tag im Hotelzimmer verbringen, um das Erlebte verarbeiten zu können.

Nach meiner Rückkehr verstärkte ich meine Bemühungen, eine internationale Kinderhilfsorganisation zu gründen. Im April 2008 wurde „Arts by Children (ABC) – Voices for a Better World" von Kulturschaffenden und Künstler*innen aus sieben Nationen ins Leben gerufen. Die Organisation unterstützt seitdem soziale Kunst- und Kulturprojekte von Kindern in Deutschland und in anderen Ländern der Erde.

Plötzlich hatte ich
einmal ein
unberechenbaren, spontanen Idee
so oft das Leben
gemacht
Bedrängnisgebracht

22. Als ich in Delhi auf einen Hochzeitelefanten geklettert bin

Der Kontakt zu der „Ryan Foundation“ aus Indien entstand während eines Welt-Kindertheater-Festes (WKT) in Lingen. Eine Theatergruppe unter der Leitung von Utkarsh Marwah hatte 2006 an der Veranstaltung im Park an der Wilhelmshöhe teilgenommen. Die Kinder und Erwachsenen aus Indien waren begeistert von der Idee und dem internationalen Flair unseres Festes. Die Direktorin der Schule Mrs. Grace Pinto lud uns zu einem Gegenbesuch nach Delhi ein, denn auch ihre Organisation veranstaltet alle zwei Jahre ein „Children’s Festival of Performing Arts“, an dem Kinder- und Jugendtheatergruppen aus der ganzen Welt teilnehmen. Wir nahmen die Einladung ein Jahr später an und reisten mit einer Zirkusgruppe nach Indien. Das Festival war gigantisch groß! Es waren ca. 200 Gruppen anwesend, allerdings kamen die meisten davon aus Delhi und Umgebung.

Ich bekam die Möglichkeit, einen Theaterworkshop anzubieten und einen Einblick in das Leben der jungen Menschen in Indien zu gewinnen. Auf Bitte des Veranstalters habe ich in einer Schule ein praktisches Seminar zum Thema „Improvisationstheater“ gegeben und war sehr gespannt, wie die indischen Mädchen und Jungen auf meine Theater-Spiele und Übungen reagieren würden. Meinen ersten Unterricht in Indien werde ich nie vergessen!

Als ich den großen Innenhof der Schule betrat, warteten dort bereits mehr als 100 Schüler*innen. Auf Bitten von Utkarsh Marwah sollte ich die Gruppe von einem höher gelegenen Treppenabsatz „dirigieren“ und zum gemeinsamen Spiel motivieren. Nicht nur die Größe der Gruppe, sondern auch die Verständigung über die große Hoffläche war ein Problem. Ich fühlte mich in der Rolle eines Chorleiters, der einen vielstimmigen Chor mit unerfahrenen Sänger*innen zum gemeinsamen Liedgesang animieren sollte. Die Kontrolle einzelner Bewegungen und eine individuelle Korrektur war bei dieser Gruppengröße unmöglich. Ich versuchte, mit einfachen

Übungen die Lust am gemeinsamen Spiel zu wecken. Nach anfänglicher Zurückhaltung genossen die jungen Menschen mit viel Begeisterung die Übungen. Nach zwei Stunden intensiver spielerischer und körperlicher Arbeit bedankten sich die Schüler*innen mit einem großen Applaus und einem fröhlichen Lachen.

Neben den Workshops, Fachgesprächen und Aufführungsbesuchen hatten wir die Gelegenheit, die Altstadt von Delhi zu erkunden. Mit meinem Freund Jozzo Hollos lief ich die engen Gassen rund um unser Hotel ab, um nahe bei den Menschen zu sein und ihren Alltag zu erleben. Die engen Straßen und kleinen Plätze waren vollgestopft mit Autos, Mofas, Rikschas und Tuk Tuks (Autorikschas). Zwischen all den Fahrzeugen bewegten sich Frauen in wunderschönen bunten Saris und Bettler*innen in zerlumpten Kleidern. Auf der Straße lag ein Mensch ohne Arme und Beine. Mit seinem Mund hielt er einen Teller für Almosen. Es sind Bilder, die ich nie vergessen werde. Der Duft der „Spice markets" und der Gestank von Autoabgasen und Abfallkübeln vermischte sich zu einem Geruch von unangenehmer Schärfe. Das permanente laute Hupen der Mofas, Tuk Tuks und das Klingeln von Fahrradschellen vermittelte den Eindruck von großer Betriebsamkeit und Hektik. Zwischen all den Fahrzeugen und Menschen stand eine abgemagerte Kuh, die sich den Regeln der Schnelligkeit nicht unterordnen wollte. Sie harrte ruhig inmitten des Getümmels aus und hinterließ dabei ungeniert ihren Kot auf der Straße. Immer wieder stellten sich uns bettelnde Kinder entgegen. Sie fragten nach Rupien oder boten ihre Dienstleistung an. Sie wollten unsere Schuhe putzen oder uns zu touristischen Zielen begleiten. Die jungen Menschen zupften ständig an unseren Jacken. Im Vergleich mit anderen asiatischen Städten empfand ich diese Form des Bettelns aufdringlich und teils sogar aggressiv. Als Fremder muss man viel Geduld mitbringen und seine Empathie in den Rucksack packen, um die Armut und die Not der Kinder ertragen zu können.

Plötzlich wurden die Motorengeräusche und die Ruhe der Händler übertönt von Trompetenklängen und lauten Pauken. Das Volk strömte auf einen großen Platz zu. Wir erfuhren auf Nachfrage, dass der Hochzeitszug einer reichen Familie durch das alte Stadtviertel angekündigt wurde. Für indische Familien hat die Hochzeit ihrer Kinder einen großen Stellenwert. Es geht ihnen vornehmlich darum, Ehepartner*innen der gleichen sozialen Schicht und Kastenstufe zusammen zu führen. Das indische Kind wird in eine Kaste hineingeboren und bleibt ein Leben lang Mitglied dieser Kaste. Obwohl das hinduistische Kastensystem offiziell abgeschafft ist, lebt es im Handeln und Denken der Menschen weiter.

Eine Hochzeitsfeier wird bei wohlhabenden Indern mit großem Prunk und aufwendigen öffentlichen Auftritten gefeiert. Möglichst viele Menschen sollten an dem Ereignis teilnehmen, um zu sehen, mit wem die Tochter, der Sohn verheiratet wird.

Sechs große indische Elefanten trugen das Brautpaar und die Hochzeitsfamilie an diesem Tag durch die Straßen von Alt-Delhi. Der Hochzeitszug wurde von Blaskapellen und Trommlern in schicken Uniformen belgeitet, die einen höllischen Lärm veranstalteten. Das Bild war verstörend – eben noch waren wir von bettelnden Kindern in zerlumpten Kleidern umringt und jetzt erlebten wir eine Demonstration von unermesslichem Prunk und Reichtum. Im Angesicht dieses Widerspruchs schwor mein Freund Jozzo, nie wieder nach Indien zu fliegen, weil er mit der großen Diskrepanz zwischen Arm und Reich und der allgemeinen Akzeptanz dieses Zustandes nicht leben könnte. Wir standen am Rand der Straße, die über den Platz führte, ganz nah bei dem Festumzug. Die Elefanten trugen auf ihren Rücken bequeme, bunt geschmückte Sitzkörbe, auf denen das Hochzeitspaar und die Hochzeitsfamilien Platz genommen hatten. Am Kopf des Tieres saß auf einem großen Kissen der Mahut, der Elefantenführer, der dem Tier die Befehle gab. Eine weitere Person in Uniform begleitete zu Fuß das Gespann. Einen Sicherheitsabstand zwischen den Elefanten und dem applaudierenden Publikum gab es nicht!

Plötzlich hatte ich wieder einmal eine dieser unberechenbaren spontanen Ideen, die mir so oft das Leben schwer gemacht und mich in Bedrängnis gebracht haben. Ich trat nah an einem Elefanten heran und rief dem Mahut gestikulierend meine Bitte zu, aufsteigen zu dürfen. Jozzo sah mich an, als wäre ich von allen guten Geistern verlassen. Mit einem herzlichen Lachen ließ der Mahut eine Seiltreppe herunter, an der ich hochklettern konnte. Schnell gab ich Jozzo meine Kamera in die Hand, damit er diesen „denkwürdigen Augenblick" dokumentarisch festhalten konnte. Er schüttelte immer nur mit dem Kopf und murmelte Unverständliches. Ich saß nach meinem Aufstieg stolz hinter dem Elefantenführer und hatte einen großartigen Blick auf das bunte und quirlige Geschehen unter uns.

In meinem Rücken hockten auf prächtigen roten Kissen weitere Personen aus der Familie des Bräutigams. Sie trugen wunderbare Saris, weiße Anzüge oder Dhotis. Man überreichte mir eine vielfarbige Girlande, die ich mir um den Hals und die Schulter legte. Jetzt war ich ein Teil der Hochzeitsgesellschaft! Jozzo lief gestikulierend neben uns her. Aufgrund der lauten Trommeln und Posaunen konnte ich ihn nicht verstehen. Später stellte sich heraus, dass er nicht wusste, wie er die Kamera zu bedienen hatte. Deshalb gibt es auch keine Bilder von meinem Höhenflug.

Plötzlich bekam ich große Zweifel an meiner Aktion. Die Teilnahme an dem Hochzeitszug und der Ritt auf einem Elefanten fühlte sich fremd und unwirklich an. Es war eine von mir erzwungene Form der kulturellen Aneignung, die mir nicht zustand. Was hatte ich mit dieser Gesellschaft und dem pompösen Spektakel einer reichen indischen Familie zu tun? Ich ärgerte mich über mich selbst und stieg bei der nächsten Gelegenheit wieder ab. Bei dem Elefantenführer bedankte ich mit gefalteten Händen und einem höflichen „Namaste". Ich war froh wieder auf der Erde zu sein – da wo ich hingehöre!

23. Als ich in Indien erfahren musste, wie wenig ein Menschenleben wert ist

Im November 2007 war ich mit einigen Kolleg*innen zu Gast beim „Children's Festival of Performing Arts" der Ryan Foundation in Delhi, Indien. Wir nahmen an einer internationalen Tagung zur kulturellen Bildung teil und gaben Theaterworkshops.

An einem tagungs- und aufführungsfreien Tag wurde uns von der Festivalorganisation eine Busreise zum Mausoleum „Taj Mahal" in Agra angeboten, an der wir auf eigene Kosten teilnehmen konnten.

Die Fahrt ging um fünf Uhr morgens los und dauerte mit einigen Zwischenstopps ca. sechs Stunden. Nach der langen Fahrzeit über staubige, teils holprige Straßen erreichten wir gegen Mittag unser Ziel am Stadtrand der Millionenstadt Agra.

Ein großer, mehrgeschossiger Torbau aus Ziegelsteinen bildete den Eingang zu den Gartenanlagen des weltberühmten Grabmals das in der glühenden Mittagssonne wie ein riesiger Edelstein vor uns lag. Aufgrund seiner harmonischen Proportionen und seiner feingliedrigen Ornamentik wird das „Taj Mahal" als eines der schönsten Bauwerke der Welt bezeichnet. Es wurde 1988 in die Liste des UNESCO-Weltkulturerbes aufgenommen. Die Grabanlage besteht aus tausenden vor Ort gebrannten Ziegeln, die mit weißen Marmorplatten verkleidet worden sind. Vielfältige ornamentale Muster verleihen dem großen Gebäude Leichtigkeit und Luftigkeit. Der muslimische Großmogul Maharaja Schah Jahan ließ das Bauwerk ab 1631 zum Gedenken an seine früh verstorbene große Liebe Muntaz Mahal errichten. Die Bauarbeiten dauerten 22 Jahre! Den alten Aufzeichnungen zufolge haben 20.000 Menschen und 1000 Elefanten an dem prachtvollen Bau gearbeitet, der als Symbol der ewigen Liebe auch heute noch ein beliebtes Ziel für jung vermählte indische Eheleute ist. Das Herzstück des ca. 100 x 100 m großen qua-

live one Mrd. people!
alshätte ich
terweise in

dratischen Komplexes ist die Grabkammer von Muntaz Mahal und Shah Jahan. Sie wird von fünf Kuppeln überdacht und ist im Innern mit Intarsien und Edelsteinen ausgeschmückt.

Wir hielten uns einige Stunden in dem Gebäude und in den Gartenanlagen mit Wasserbecken und Springbrunnen auf, immer auf der Suche nach einem schattigen Platz zum Schutz vor der glühenden Sonne.

Am Nachmittag fuhr der Bus zurück nach Delhi. Ich hatte auf dem vorderen Sitz gleich neben dem Fahrer Platz genommen, um während er Fahrt einen guten Blick auf die Straße zu haben. In der Stadt Acra ging es nur im Schneckentempo voran. Die Hupen der unterschiedlichsten Fahrzeuge waren auf Dauerbetrieb gestellt. Grün-gelbe Tuk Tuk's standen neben Lastenfahrrädern, Kamel-, Pferde- und Ochsengespannen, Mopeds und Menschen, die sich wagemutig eine Lücke durch den dichten Verkehr suchten, um die andere Straßenseite zu erreichen. Und dazwischen stand immer wieder eine Kuh, die gelassen inmitten des Getümmels ihr Geschäft verrichtete. Auf der Landstraße außerhalb der Stadt kamen wir besser voran, aber der Beifahrersitz war nichts für schwache Nerven. Der Bus überholte mit hoher Geschwindigkeit bei ständigem Hupen mal rechts, mal links die großen überlangen Laster und andere Fahrzeuge. Eine Schrecksekunde folgte der nächsten und ich bereute es, auf dem vorderen Sitz Platz genommen zu haben. Für den Busfahrer war diese Fahrweise anscheinend alltäglich. Mit stoischer Ruhe fuhr er mit hoher Geschwindigkeit von der einen auf die andere Seite der Fahrbahn. Am Straßenrand sah ich zahlreiche Affen, die versuchten auf Fahrzeuge aufzuspringen um etwas Essbares zu erhaschen.

Wir hatten die Hälfte der Strecke bereits hinter uns, als ich in ca. 80 Meter Entfernung eine leblose Gestalt am Straßenrand liegen sah. Ich schrie laut auf und zeigte auf das Bündel Mensch. Für den Fahrer gab es offensichtlich keinen Anlass, am Straßenrand anzuhalten. Auf mein deutliches „Stop! Please stop! ", brummte er

unwirsch: „In India live one Mrd. people!“ Er sah mich strafend an, als hätte ich mich ungerechtfertigterweise in seine Angelegenheit eingemischt und rauschte in vollem Tempo an dem leblosen Körper vorbei. Die zynische Bemerkung des Fahrers traf mich schmerzhaft und ich kroch mit meinem Rucksack auf einen der rückwärtigen Sitze. Mir wurde schlecht und ich musste tief durchatmen, um nicht zu erbrechen. Vor meinen Augen tauchte ständig der am Straßenrand liegende verletzte oder tote Mensch auf, der unsere Hilfe hätte gebrauchen können. Der Glanz des Taj Mahal wurde in meinen Kopfbildern vom Elend der Straße überrollt. Dieses Erlebnis hat mir ein Bild von Unmenschlichkeit und Grausamkeit vermittelt, das ich nie vergessen werde.

24. Als uns die Ministerin im Treppenhaus ein großes Versprechen gab

Dies ist eine kurze Geschichte mit einer langanhaltenden Wirkung! Auf Anregung und Initiative der SPD-Landtagsabgeordneten Elke Müller besuchte am 17. Dezember 1993 die Ministerin für Wissenschaft und Kunst des Landes Niedersachsen Helga Schuchardt das Theaterpädagogischer Zentrum der Emsländischen Landschaft (TPZ). Ich hatte nach der Ankündigung des Besuchs durch das Ministerium bewusst auf eine Information an die Stadt, den Landkreis und die Emsländische Landschaft verzichtet, um einerseits mit der Ministerin ganz persönlich über unsere Vorhaben und Wünsche sprechen zu können, andererseits um den aktuellen Diskurs zwischen der Hochschule Osnabrück und den Verwaltungen der Stadt und des Landkreises zur Etablierung eines neuen Hochschulstandortes in Lingen nicht weiter anzuheizen.

Wir hatten uns auf den Besuch gut vorbereitet. Im Saal und auf der Bühne des Professorenhauses präsentierten wir der Ministerin eine bunte Palette unserer theaterpädagogischen Arbeit: Theater- und Tanzprojekte mit Kindern, theaterpädagogische Arbeit mit Senior*innen, Fortbildungsmodule für Lehrer*innen und Sozialarbeiter*innen, Theater mit jungen Menschen mit Beeinträchtigungen. Dies alles und einiges mehr wurde in kurzen Szenen und Ausschnitten vorgestellt. Nach diesem nachhaltig sinnlichen Eindruck haben wir der Ministerin das Professorenhaus mit den Seminar- und Übungsräumen gezeigt. Auf der dritten Stufe zum Aufgang in das Obergeschoss stellte Frau Suchhardt die entscheidende Frage: „Wo kann man die Fachlichkeit und die damit verbundene Qualität der Arbeit, die ihre Kolleg*innen so hervorragend demonstrieren, erwerben? Gibt es eigenständige Ausbildungsmöglichkeiten an deutschen Hochschulen?“ Mein Kollege Bernd Ruping und ich sahen uns kurz an und verneinten die Frage einvernehmlich. Wir verwiesen aber auf unsere zweijährige Weiterbildungsmöglichkeit in der Zusam-

menarbeit mit dem Arbeitsamt. „Wenn es einen entsprechenden Studiengang nirgendwo sonst gibt, dann machen wir das hier – das verspreche ich Ihnen!", war die unmittelbare Antwort der Ministerin, wohl in der sicheren Überzeugung, dass das TPZ der richtige Ort sei, für den Aufbau eines neuen Studiengangs in Niedersachsen. Frau Schuchardt gab uns den Hinweis, wir sollten uns umgehend mit Herrn Prof. Dr. Mielenhausen, Präsident der Fachhochschule Osnabrück, in Verbindung setzen. Diese Aufforderung wurde zum Ausgangspunkt und zur Keimzelle des Studiengangs „Theaterpädagogik". Ein einziger Satz der Ministerin war der Impuls und Motivation für unsere weitere Arbeit an einem zukunftsweisenden Projekt. Bereits zum Wintersemester 1995 eröffnete Helga Schuchardt den neuen Standort der FH Osnabrück mit den Worten: „Nun studiert mal schön!". Damit wurde die Tür aufgestoßen für viele junge Menschen, die zur Hochschule nach Lingen kommen, um Theaterpädagogik oder andere Fächer zu studieren. Ein großer Gewinn für die Studierenden, aber auch für die Stadt und die Region.

SHA
Es klinget so her
nget so herrlich -
klinget so sch
Es klinget so herrlich - es klin

25. Als wir in Shanghai die Zauberflöte aufführten

Es klinget so herrlich – es klinget so schön…“. Mit diesem Lied aus der „Zauberflöte“ von Wolfgang Amadeus Mozart begann eine Aufführung der Theatergruppe des Gymnasiums Georgianum in Lingen. Es war eines der größten und aufwendigsten Theaterprojekte, die ich an der Schule durchgeführt habe. Die Arbeit an dem Stück dauerte mehr als ein Jahr. Alle Teilnehmer*innen dieses Projektes arbeiteten intensiv zahlreiche Stunden in der Woche und viele Wochenenden an der Produktion. Ein großes und engagiertes Team hatte sich die Aufgabe gestellt, die Oper von Mozart und Schikaneder musikalisch und inhaltlich neu zu interpretieren und für junge Menschen aktuell und nachvollziehbar zu gestalten.

Unter der Verwendung der Musik von Mozart mit ihren zahlreichen Arien und Duetten entstand schließlich eine neue Interpretation des Stoffes. Der böse Priester Sarastro tritt als Gegenspieler der „Königin der Nacht“ auf, weil sie sich für die Liebenden einsetzt und sie beschützt.

Im Probenprozess experimentierten wir spielerisch mit den Motiven und Themen der „Zauberflöte“. So entstand ein Aufführungskonzept, dass sich an den Gefühlen und Erlebnissen von jungen Menschen ausrichtete.

Anke Kuihfuß und Frank Engeln zeichneten sich für die musikalischen Arrangements und den Liedgesang verantwortlich. Sie stimmten die Musik und den Gesang auf die individuellen Leistungen der Schüler*innen ab. Christiane Rose erarbeitete mit ihrem Team eine großartige transportable Kulisse für das Stück und entwarf die zahlreichen Kostüme, die sie dann mit Hanni Heskamp zusammen erstellte. Mir blieben die Aufgaben der Spielleitung und der Gesamtkoordination. Als sich am 19. Juli 1994 in der Aula des Gymnasiums der Vorhang hob zum „Spiel mit der „Zauberflöte“ und aus dem verdunkelten Saal ein vielstimmiger Chor erklang, war das Publikum überrascht und gleichzeitig gefangen. Die Musik, der Gesang, das Licht und das Spiel wuchs zu einer Einheit zusammen, die den intensiven vorangegangenen Probenprozess deutlich machte.

Nach einem überwältigenden Applaus mit „Standing ovations" konnten wir sicher sein, dass unser Konzept aufgegangen war und wir guten Mutes zu einem großen Kulturfestival nach China reisen konnten.

Das Theaterpädagogische Zentrum hatte eine Einladung des „China Welfare Instituts" aus Berlin erhalten und wurde vom Bundesjugendministerium gebeten, eine geeignete Gruppe zu einem Kultur- und Kunstfestival nach Shanghai zu entsenden. Die Einladung nahmen wir gerne an, zumal das Ministerium die gesamten Reisekosten bezahlte.

Bereits zwei Tage nach der Premiere ging es auf große Reise, die allerdings eine logistische Herausforderung bedeutete, denn das Bühnenbild mit den zahlreichen Requisiten und Kostümen mussten für den Transport im Flugzeug verpackt werden. Allein das empfindliche E-Piano von Frank war so schwer, dass es nur mit Mühe von zwei Personen getragen werden konnte. Zudem mussten wir auf dem Flughafen in Hongkong unser ganzes Gepäck, das Bühnenbild, die Instrumente, Kostüme und Requisiten umladen in den Flieger nach Shanghai. Wir kamen zwar rechtzeitig, aber völlig geschafft zur Eröffnungsveranstaltung des Festivals in der größten Sportarena der Stadt an. Gemeinsam mit 25 Theater-, Tanz-, Zirkus- und Musikgruppen aus der ganzen Welt und 20.000 Zuschauern erlebten wir ein fulminantes Spektakel mit Orchestern, Chören und akrobatischen Einlagen von und mit Kindern, u. a. spielten 200 Kinder auf ihren Geigen Stücke von Beethoven und Mozart!

Mit Guo Wenying hatte man uns eine liebenswerte Dolmetscherin zur Seite gestellt, die uns während der 10 Tage durch alle Türen, Tücken und Hindernisse schleuste.

Von Guo erfuhren wir viel von dem Land, den Menschen und der Kultur. Wir unternahmen Ausflüge in das Landesinnere. Ein kleines Dorf umgeben von Reisfeldern wurde auf Anordnung der Regierung für uns hergerichtet und geputzt. Wir begegneten vielen liebenswerten Menschen und konnten mit Hilfe unserer Dolmetscherin auch außerhalb des offiziellen Protokolls mit chinesischen Kindern und Familien reden. An die Speisen mussten wir uns gewöhnen, aber es gab immer Reis mit Gemüse, so dass wir alle satt wurden. Unsere Delegation wurde zur „Peking Ente" beim Bürgermeister von Shanghai eingeladen und der deutsche Generalkonsul verabredete mit uns ein Treffen in seinem Gästehaus.

Bei unseren Ausflügen in die Stadt stellten wir fest, dass in Shanghai 20igstöckige Hochhäuser mit einem Gerüst nur aus Bambusstangen gebaut werden. Beim Besuch eines Marktes mussten wir erkennen, dass eine chinesische Rechenmaschine schneller rechnet als ein deutscher Taschenrechner.

Von unserer Dolmetscherin erfuhren wir, dass unsere jugendlichen chinesischen Begleiter*innen ein ganzes Jahr auf ihre Rolle vorbereitet wurden. Zwei Mädchen und zwei Jungen rückten während des gesamten Aufenthalts nicht von unserer Seite. Sie versuchten, uns jeden Wunsch von den Augen abzulesen.

Erst am vorletzten Tag des Festivals war unsere Produktion im Programm des Festivals vorgesehen. Es war für uns eine lange Wartezeit und wir waren froh, endlich auf die Bühne zu dürfen. Das Theater war mit 2.000 Zuschauer*innen völlig überfüllt. Schon vor Beginn wurden wir von Fernsehkameras und Mikrofonen so sehr belagert, dass uns die Konzentration und die Vorbereitung auf die Aufführung schwer fiel, aber die jungen Spieler*innen meisterten alle Hindernisse großartig und betraten nach einem kurzen technischen Check mit Lust und Freude die Bühne. Für eine Probe war keine Zeit mehr. Die Stimm- und Körperarbeit fand in den Umkleidekabinen statt. Die Instrumente mussten im Keller gestimmt werden!

Mit einem dreifachen „toi, toi, toi“ ging es hinaus auf die Bühne. Im verdunkelten Saal erklang aus den verschiedenen Ecken des Raumes das Lied: „Es klinget so herrlich – es klinget so schön…“. Als das Licht langsam hochgefahren wurde und „die Königin der Nacht“ in einem großen Himmelskreis erschien, ging ein Raunen durch den Zuschauerraum. Die Darsteller*innen und Musiker*innen konnten mit Ihrem Spiel, Tanz, und Gesang die Herzen des Publikums schnell erobern.

Ich stand mit unserer Dolmetscherin am Inspizientenpult und traute meinen Augen nicht. Durch die seitlichen Gassenvorhänge schoben sich Menschen auf die Bühne, die im Zuschauerraum keinen Platz gefunden hatten. Sie suchten sich über die Hinterbühne einen Zugang und verfolgten von hier aus das Spielgeschehen. Es drängten sich immer mehr Personen auf die Seitenbühne, so dass die Konzentration der Spieler*innen erheblich gestört wurde und die Auftritte und Abgänge von der Bühne immer schwieriger wurden. Guo Wenying war verzweifelt! Mit leisen Worten versuchte sie, die eingedrungenen Zuschauer*innen zum Verlassen des Bühnenraums zu bewegen. Genutzt haben ihre Anstrengungen wenig. Wir mussten uns notgedrungen auf die ungewöhnlichen Verhältnisse einstellen, um unsere Version der „Zauberflöte“ erfolgreich zu Ende zu spielen. Die chinesische „Applausordnung“ sieht ein kurzes kräftiges Klatschen vor. Wir waren glücklich, deutlich mehr und längeren Beifall erhalten zu haben. Nach der Aufführung wurden wir von zahlreichen Zuschauer*innen und Reporter*innen umringt und befragt. Bei der Abschlussparty des Festivals bekamen wir einen großen, goldener Pokal überreicht, der heute im TPZ zu bewundern ist.

26. Als ich die Ursprünge des deutschen Kinderfernsehens aufspürte

Die Kölschen Spaßmacher „Tünnes und Schäl“ habe ich schon als Kind geliebt ebenso die Familie des Kaspers mit der Oma, dem Räuber, dem Schutzmann und dem Krokodil. Mit selbstgebastelten Spielfiguren dachte ich mir - hinter einem Tisch oder einer großen Pappkiste sitzend- Geschichten aus und spielte diese meinen beiden Schwestern oder mir selbst vor. Die Liebe zum „kleinen Theater“ hat mich ein Leben lang begleitet. Das Puppenspiel war für mich der Mikrokosmos, in dem ich meine Welt mit ihren Sehnsüchten und Hoffnungen abbilden konnte. Mit den Figuren ging ich auf fiktive Reisen und tauchte ab in fremde Sphären.

Während meiner Studentenzeit suchte ich auf Flohmärkten und in Antiquitätengeschäften nach alten Handpuppen, Marionetten, Masken und Fachbüchern. Über 120 Exponate habe ich im Verlauf der Jahre zusammengetragen. Manch wertvolle Stücke sind so auf recht abenteuerliche Art und Weise in meinen Besitz gelangt. Eine Sammlung alter chinesischer Handpuppen wurde während der Mao-Diktatur aus China herausgeschmuggelt. Ich konnte einen Sammler dazu überreden, mir die Puppen gegen gutes Geld zu überlassen. Eine böhmische Wandertheaterbühne aus dem 19. Jhdt. kaufte ich 1992 samt einigen Spielfiguren während eines Theaterfestivals in Martin (Slowakei) dem Museumsdirektor direkt aus einer Ausstellung heraus ab und brachte sie über Österreich außer Landes.[9]

Mit Peggy Melati Sukma[10] zog ich in Djakarta, Indonesien über die Märkte, um alte Wayang-Figuren aufzutreiben. Die Marionette „Baron von Münchhausen“ aus dem gleichnamigen Fernsehfilm wurde mir von der „Augsburger Puppenkiste“ überlassen. Eine ganz besondere Errungenschaft ist ein Schattentheaterensemble aus

---

[9] Vgl. Theater erleben – das Theatermuseum für junge Menschen. In: Norbert Radermacher - Theater mit allen, Schibri Verlag, Berlin 2019.
[10] Vgl.: S. 88 ff.

Die Liebe zum
Theater

Berlin. Dieser Fund ist von Kultur- und medienhistorischer Bedeutung, denn er dokumentiert die Anfänge des deutschen Kinderfernsehens.

Mitte der achtziger Jahre rief mich eine ältere Dame aus Hannover an, die in einem Zeitungsartikel der Hannoverschen Allgemeinen Zeitung (HAZ) von meiner Arbeit im Theaterpädagogischen Zentrum gelesen hatte.[11] Sie lud mich zu sich nach Hause ein und erwähnte dabei, dass sie eine ganz besondere Sammlung von Schattenspielfiguren besitze, die sie – sollte ich daran Interesse haben – mir übereignen wolle. Ich fuhr umgehend nach Hannover, um die ältere Dame zu treffen. Wie sich in dem Gespräch bei Kaffee und Kuchen herausstellte, war Karla Asbahr in den vierziger Jahren in Berlin als Musikerin und Musiklehrerin tätig. Sie hatte Kontakt zu den Film- und Fernsehschaffenden in der Stadt und erhielt von der Paul Nipkow Fernsehgesellschaft den Auftrag, bei Fernsehsendungen für Kinder als musikalische Leiterin mitzuwirken. Fernsehen für Kinder und Jugendliche stand laut Hickethier[12] erst seit 1941 auf dem Programmplan. Das Fernsehschattenspiel „Hinnerk der Hahn“ wurde aber bereits im Januar 1940 von der Reichs-Rundfunk-Gesellschaft aus Berlin in die öffentlichen Fernsehstuben ausgestrahlt.[13]

Die Geschichte basiert auf dem gleichnamigen Roman von Wilhelm Scharrelmann, einem der nationalsozialistischen Ideologie nahestehenden Heimatdichter aus Worpswede. Der Roman handelt von einem heldenhaften, unerschrockenen Hahn, der zurück in sein Heimatdorf wandern will und dabei zahlreiche Abenteuer erlebt.

„Wir hören und sehen jetzt meine liebe Freude, die Historie von ‚Hinnerk der Hahn‘, dem außerordentlichsten aller Gockel, der jemals auf einem Bauernhof groß ge-

---

[11] Vgl. Hannoversche Allgemeine Zeitung (HAZ), 05.01.1988: „Kulturelles Juwel im Emsland“
[12] Knut Hickethier: Geschichte des Deutschen Fernsehens; Verlag J.B. Metzler, Weimar 1998, S. 56
[13] Vgl. Textbuch „Hinnerk der Hahn“, Eigentum der Reichs-Rundfunk-Gesellschaft m.b.H., Berlin 1940

worden ist. Ein Ritter ohne Furcht und Tadel, dessen Leben eine einzige Kette von Kämpfen, Heldentaten und Abenteuern ist.“[14]

Dem unerschrockenen Hahn wird am Ende der Geschichte als Zeichen seines Mutes und seiner Tapferkeit auf der Kirchturmspitze in Worpswede ein ewiges Denkmal gesetzt![15] Heldenverehrung und Mythosbildung waren beliebte Motive von Kindersendungen während der Nazizeit, denn Kinder suchen sich ihre Idole und Vorbilder gerne im Kontext von Heldengeschichten.

Frau Asbahr erzählte mir von den Anfängen der Fernsehproduktion, von der Kameraführung und der unmittelbaren Ausstrahlung der Geschichten in die „Fernsehstuben“ und die wenigen privaten Haushalte.

Die Geschichte wurde mit zwei Kameras aufgezeichnet und zeitgleich gesendet. Diese direkte Aufzeichnungs- und Übertragungstechnik von der Kamera auf den Bildschirm[16] ließ keinen Fehler im Spiel zu. Es wurde höchste Präzision in der Figurenführung verlangt, sowie absolute Textsicherheit und die genaue Kenntnis der Szenenfolge und Pausen,

Frau Asbahr spielte die Musik am Flügel live in das Bild ein. Die Übertragung war vergleichbar mit einer Theateraufführung, die von Fernsehkameras beobachtet und an das Publikum in den „Fernsehstuben“ weitergeleitet wurde.

Das neue Medium diente den nationalsozialistischen Machthabern zur Demonstration ihrer angeblich technischen und geistigen Überlegenheit. Das Fernsehen wurde zur Stärkung der Wehrkraft des Deutschen Volkes und zu seiner militärischen Ertüchtigung eingesetzt. Ideologische Fernsehspiele wechselten ab mit regelmäßig ausgestrahlten Unterhaltungssendungen. In der Sendung: „Wir senden Frohsinn,

---

[14] Vgl. ebda.: Textbuch, S. 1
[15] Ebda., S. 16
[16] Vgl. Thomas Hettche: Herzfaden, Roman der Augsburger Puppenkiste; Kiepenheuer & Witsch, 3. Aufl. 2020, S. 232

wir spenden Freude“ traten seit 1942 die großen Unterhaltungsstars des Dritten Reiches auf wie z. B.: Zara Leander, Johannes Heesters und Lale Andersen.

Erste Fernsehsendungen für Kinder tauchten vereinzelt seit 1941 in den Programmen auf. Dazu musste die Sendezeit vom Abend auf den Nachmittag vorverlegt werden. In der Abhandlung zur „Geschichte des Deutschen Fernsehens“ gibt es allerdings keine Hinweise auf die Sendung „Hinnerk der Hahn“, die laut Frau Asbahr und den mir zur Verfügung stehenden Sendeunterlagen am 28.01.1940 um 15.00 Uhr ausgestrahlt wurde. Mit der Produktion des Fernsehspiels hatte man bereits 1939 begonnen.

Im Fernsehstudio arbeitete man unter der Verpflichtung der absoluten Geheimhaltung. Die Auswahl der Mitarbeiter*innen und Künstler*innen wurde streng kontrolliert, ebenso wie die Themen und die Inhalte der Sendungen. Es ist davon auszugehen, dass nur linientreue Techniker*innen, Regisseur*innen und Spieler*innen Zugang zu den Studios bekamen.

Im Rahmen einer späteren Recherche stellte ich fest, dass Frau Asbahr seit 1936 Scharführerin im Bund Deutscher Mädel (BDM) und seit 1940 Mitglied des Nationalsozialistischen Lehrerbundes war.

In unserem Gespräch in Hannover sprachen wir nicht über ihr Leben, aber es ist davon auszugehen, dass Karla Asbahr und der Produzent und Regisseur Heinz Ohlendorf linientreu und der nationalsozialistischen Ideologie zugewandt waren, denn sonst wäre ihnen der Zugang zu den Fernsehstudios verwehrt geblieben.

Frau Asbahr konnte das Material zu dieser Produktion und die Spielfiguren über den Krieg retten und nach Hannover bringen, wo sie nach ihrer Entnazifizierung 1949 eine Anstellung als Lehrerin bekam. Sie übergab mir die Exponate in der Hoffnung, dass ich sie in meinem Institut ausstellen und adäquat präsentieren würde.

Die Gelegenheit dazu ergab sich einige Jahre später, als dem Theaterpädagogischen Zentrum der „Ygdrasil-Preis" der Firma LEGO zuerkannt wurde – eine große sechsstellige Summe, mit der ich einige Ideen und Träume verwirklichen konnte. Dank dieser großzügigen finanziellen Unterstützung konnte ich gemeinsam mit der Designerin Christiane Rose und der Theaterpädagogin Birgit Marburg im Professorenhaus das einzige und erste „Theatermuseum für junge Menschen" in Deutschland realisieren. „Hinnerk der Hahn" hatte in diesem Museum seinen Platz in einer Glasvitrine. Die ideologische Botschaft des Gockels in Verbindung mit der Geschichte des Fernsehens hat viele Besucher*innen und Schulklassen interessiert und ihnen Kenntnisse über das Puppenspiel im „Dritten Reich" und das neue Medium „Fernsehen" vermittelt.

Das Theatermuseum mit den Spielfiguren aus aller Welt war nicht nur ein Ort des Staunens und Betrachtens, sondern vor allem ein Erlebnis- und Mitmachmuseum zum Anfassen und Selberspielen.

Es ist mir daher völlig unverständlich, dass nach meiner Verabschiedung aus dem TPZ das Theatermuseum anlässlich einer erneuten Renovierung des Professorenhauses - ohne meine Kenntnis und Zustimmung - sang- und klanglos aufgelöst wurde. Die Sammlung ist heute in alle Winde verstreut, einige Figuren und Objekte habe ich gerettet und liegen in Kisten bei mir im Keller und auf dem Dachboden.

Die Fernsehgeschichte von „Hinnerk dem Hahn" wartet immer noch auf seine Erforschung und medienhistorische Einordnung – vielleicht eine lohnende und spannende Aufgabe für Student*innen.

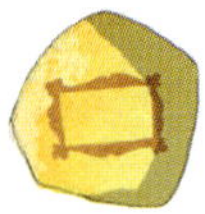

27. Als ich in Monaco zum Ritter ernannt wurde

Schon als kleiner Junge habe ich gerne mit Rittern und Ritterburgen gespielt. Mit den Spielfiguren zogen wir durch mittelalterliche Landschaften aus Kissen und Kartons, um gefährliche Schlachten zu schlagen: die „Guten" mit dem Kreuz auf der Brust gegen die „Schwarzen" mit einem Drachen auf dem Schild. Ein Freund besaß eine große Burg mit Falltüren, Verliesen, Türmen und Stallungen für die Pferde. Immer wieder spielten wir den Angriff der Feinde und die Abwehr der Eindringlinge nach. Wir verkleideten uns als Ritter und zogen mit einem selbstgebastelten Helm aus Pappe und einem Holzschwert in die Schlacht. In meinen Träumen wäre ich gerne ein Ritter geworden, um für das Gute zu kämpfen. Nie in meinem Leben habe ich daran gedacht, dass dieser Wunsch einmal Wirklichkeit werden könnte und ich von einem König zum Ritter ernannt würde. Der Ernennung vorausgegangen sind aber keine Schlachten auf dem Feld, sondern der stetige Kampf um die Verbesserung der kulturellen Bildung von jungen Menschen und der Einsatz für benachteiligte Kinder in der Welt. In dem Aufbau und der Ausrichtung des Welt-Kindertheater-Festes fand mein Engagement seinen sinnlichen und lebendigen Ausdruck.

Das Welttheaterfest (Mondial du Théatre) in Monaco habe ich 1985 erstmals kennengelernt. Dieses einzigartige Theaterfest verbindet Menschen und Staaten aus der ganzen Welt miteinander. Vom „Studio de Monaco" werden alle vier Jahre herausragende, nicht berufsmäßig agierende Theaterensembles eingeladen, die mit ihren Produktionen neue künstlerische Akzente setzen und darüber hinaus die Kultur ihrer Region und ihres Landes präsentieren.

Für mich war das Festival in Monaco eine Schaubühne der Vielfalt theatraler Formen und Genres in der Welt, aber auch ein Ort des grenzüberschreitenden Dialogs

und der friedlichen Annäherung von Menschen unterschiedlicher Ethnien, Religionen und Nationalitäten.

Das Welttheaterfest wurde 1957 mit Unterstützung der Filmschauspielerin und Fürstin Gracia Patricia gegründet und steht seitdem unter dem Patronat der fürstlichen Familie, die sich auch an den Kosten und der Organisation der Veranstaltung beteiligt.

Aus dem Theaterfestival und dem parallel stattfindenden Weltkongress des Amateurtheaters sind in Verlauf der Jahre vielfältige Initiativen und Ideen entstanden, die die Theaterlandschaft weltweit geprägt haben. Auch das Welt-Kindertheater-Fest (World Festival of Children's Theatre) ist von Monaco ausgehend entwickelt worden. Monaco war für mich der Ort, das internationale Netzwerk des Kindertheaters auszubauen und die Theaterarbeit mit jungen Menschen weltweit zu fördern.

Als Präsidiumsmitglied und später als (ehrenamtlicher) Präsident des Bundes Deutscher Amateurtheater (BDAT) mit seinen ca. 2500 Mitgliedsbühnen hatte ich die Möglichkeit, auf Veränderungen und Neuerungen in der Theaterlandschaft hinzuwirken. Meine ganz besondere Aufmerksamkeit galt der Theaterarbeit mit Kindern und Jugendlichen. Bei einem Empfang in Monaco hatte ich 1993 die Gelegenheit, Prinzessin Caroline von Monaco ein Buch und einen Fotoband über das 1. Welt-Kindertheater-Fest 1990 in Lingen zu überreichen. Sie sah sich die Dokumentation mit großem Interesse an und bestärkte mich darin, die Theaterarbeit mit jungen Menschen zu stützen und den eingeschlagenen Weg weiterzugehen.

Der Weltverband AITA/IATA[17]rief daraufhin das „Committee for Children and Youth" ins Leben, das in der Folge die Theaterarbeit mit der jungen Zielgruppe systematisch förderte und wissenschaftlich begleitete.

---

[17] Association International Theatre de Amateur, International Amateur Theatre Association (AITA/IATA)

Maßgeblichen Anteil an dem „Verjüngungsprozess“ hatte der damalige Generalsekretär des Verbandes John Ytteborg aus Norwegen, der u. a. durchsetzen konnte, dass das Welt-Kindertheater-Fest als offizielles Festival des Weltverbandes geführt werden durfte. Es wird seitdem alle zwei Jahre über die nationalen Zentren ausgeschrieben und verbindet seit 1990 Theatergruppen aus der ganzen Welt miteinander. Bisher haben über 140 Länder der Erde an dem Festival teilgenommen.

Mein Einsatz für die Theaterkinder der Welt wurde 2017 im Auftrag des belgischen Königs Philipp mit der Ernennung zum „Ritter des Leopoldordens“ gewürdigt

Brüssel ist seit der Gründung der offizielle Sitz des Weltamateurtheaterverbandes!

In einem Festakt im Grimaldi Forum in Monaco wurde mir in Anwesenheit zahlreicher Gäste, u. a. Vertreter*innen der Fürstenfamilie des Fürstentums sowie Delegierte des Weltverbandes AITA/IATA, das Ordenskreuz und die entsprechende Urkunde überreicht. Ich bin stolz über diese Auszeichnung und freue mich sehr, ein „echter Ritter“ zu sein.

Die Anerkennung gilt aber in erster Linie den Kindern der Welt, die mit ihrem Lebensmut, ihrer spielerischen Kraft und künstlerischen Vermögen sich dafür einsetzen, dass sich unsere Welt friedvoll und lebenswert entwickelt.

28. Als ich in Nepal von einer Gottheit empfangen wurde

Ashesh Malla aus Nepal lernte ich während eines Theaterfestivals in Indien kennen. Wir verstanden uns auf Anhieb sehr gut und tauschten uns aus über unsere Theaterarbeit und unsere Projekte. Als er erfuhr, dass ich dem bekannten brasilianischen Theatermann Augusto Boal persönlich begegnet war und mit ihm gearbeitet hatte, wurde er sehr neugierig. Er bat mich, von ihm und seinen Theaterkonzepten zu berichten.

Augusto Boal war Autor und Regisseur von Theaterproduktionen in Süd-Amerika. Am „Theatro de Arena“ in Sao Paulo entwickelte er ein neues Volkstheaterkonzept, das sich schnell in ganz Lateinamerika verbreitete. 1971 wurde Boal verhaftet und gefoltert. Er lebte anschließend in Buenos Aires im Exil und kam 1977 erstmals nach Europa.

Mit seinen Methoden und Übungen zum „Theater der Unterdrückten“ hat er nicht nur neue Zielgruppen erschlossen, sondern das Theater als Mittel zur Demokratisierung der Gesellschaft und zur Lösung sozialer Fragen und Probleme eingesetzt.[18] Er hat dem Zuschauer und dem Spieler geholfen, den eigenen Standort zu hinterfragen und neu zu bedenken. Ich lernte die Theaterpraxis und Theorie von Augusto Boal 1979 bei einem Workshop mit Thomas Lang am Stadttheater Wilhelmshaven kennen, kurz nachdem er erstmalig in Deutschland einen Vortrag über seine Arbeit in Argentinien gehalten hatte. Ich erprobte seine Methoden mit meinen Schüler*innen auf der Straße und setzte diese auch in unseren Lehrerfortbildungsseminaren ein. Wenige Jahre später lud ich Augusto Boal in das Theaterpädagogische Zentrum (TPZ) nach Lingen ein. Im TPZ hat er seine The-

---

[18] Vgl. Augusto Boal: Theater der Unterdrückten, Übungen und Spiele für Schauspieler und Nicht-Schauspieler; edition suhrkamp, Frankfurt a. M. 1985.

atertheorie und Theaterpraxis vielen angehenden Theaterpädagog*innen vermittelt. Von seinen Seminaren gingen zahlreiche Impulse in die deutschsprachige Theaterlandschaft aus, die heute zentrale Bestandteile der Lehre und Praxis der Theaterpädagogik sind. Augusto Boal hat auch meine Arbeit stark beeinflusst. Sowohl sein Theaterverständnis als auch seine praktischen Übungen wurden wichtiger Bestandteil meines Unterrichts und meiner Lehre.

Ashesh Malla spielte wie Augusto Boal als kleiner Junge auf der Straße Theater. Das Straßentheater wurde in Nepal aus der Tradition des Volkstheaters heraus entwickelt und bei Festen in den Dörfern zelebriert. Ashesh wurde 1954 geboren und ist in nepalesischen Bergen, fernab von Straßen und Verkehrsverbindungen, aufgewachsen. Im Alter von 12 Jahren schrieb er bereits sein erstes Theaterstück. Wenige Jahre später zog er mit einer Gruppe junger Menschen durch das Land, um mit seinen Produktionen für die Freiheit und Demokratisierung des Landes zu kämpfen. Er wurde mehrmals verhaftet. Seine Stücke und Aufführungen wurden verboten. Heute lebt er in der Hauptstadt Kathmandu und ist ein angesehener Schriftsteller, Autor und Verfasser von philosophischen und gesellschaftlich relevanten Texten.

Nachdem der König 1960 alle politischen Parteien verboten hatte, war Nepal viele Jahrzehnte ein unruhiges von Bürgerkriegen geprägtes Land. Nach einem Massenmord im nepalesischen Königshaus im Jahr 2001 wechselten die Machtverhältnisse ständig und die kommunistische Partei Nepals bekam immer mehr Zuspruch. Erst 2008 wurde mit der erneuten Ausrufung einer parlamentarischen Republik der König vollständig entmachtet und die demokratische Ordnung wieder hergestellt, die allerdings auch heute noch sehr brüchig ist. Nepal gehört zu den ärmsten Ländern der Welt und lebt ganz wesentlich vom Tourismus, insbesondere vom Bergtourismus.

Ashesh Malla hat es trotz vieler Hindernisse und Anfeindungen schließlich geschafft, in der Hauptstadt Kathmandu ein eigenes Theater aufzubauen. Das „Sarwanam Theater" ist nicht nur ein Aufführungsort, sondern auch eine Bildungsstätte und ein Laboratorium für junge Menschen, die sich ausprobieren wollen und für eine demokratische Gesellschaft einstehen.

Ashesh Malla lud mich zu Workshops in sein Theater ein, um ihm und seinen Schüler*innen die Konzepte und Methoden des „Theaters der Unterdrückten" zu vermitteln. 2007 flog ich zum ersten Mal nach Nepal. Im Sarwanam Theater gab ich Seminare und veranstaltete Diskussionsrunden. Wir spielten in den vollgestopften, stickigen Straßen von Kathmandu „Unsichtbares Theater".[19] Dabei lernten wir viele junge Menschen kennen, die den hinduistischen und buddhistischen Traditionen sehr kritisch gegenüberstehen und mit einer liberalen demokratischen Weltsicht in die Zukunft blicken wollen.

Bei meiner ersten Begegnung mit der nepalesischen Kultur wurde mir klar, wie komplex und vielfältig die Kultur des Landes ist. In einer knappen Woche war es mir nicht möglich, die Traditionen und religiös geprägten Eigenheiten kennenzulernen. Ich habe im Nachklang zu meiner Reise sehr viel über das Land lesen und nachschlagen müssen. Die Gesellschaft und das tägliche Leben sind geprägt von dem Kodex der Religionen des Hinduismus und Buddhismus. Allein am zentralen „Durbar Platz" gab es mehr als 90 Pagoden, Paläste und Tempel, von denen viele bei dem verheerenden Erdbeben im April 2015 zerstört wurden. Ich hatte 2007 noch das große Glück die Altstadt in ihrer ganzen Pracht und architektonischen Schönheit zu erleben.

Ein ganz besonderes Phänomen verbirgt sich in einem Tempelbezirk der City. Hier lebt und residiert die „Kumari von Kathmandu" ein Kind, das als lebende Göttin ver-

[19] Vgl. ebd, S. 10 ff

ehrt wird. Sie wird im Alter von 2-4 Jahren anhand von 32 körperlichen Merkmalen ausgewählt und bleibt nach ihrer Inthronisierung solange im Amt, bis ihre Menstruations-Periode einsetzt. Anschließend wird sie in das normale bürgerliche Leben entlassen.

In der buddhistischen Tradition beschützt die Göttin Taleju das Land und seine/ihre Bewohner*innen. Die Schutzpatronin manifestiert sich in einem jungen Mädchen, das als Kumari (Kindsgöttin) verehrt wird. Die Verehrung der Kumari ist eine seit vielen Jahrhunderten praktizierte Form eines religiösen Glaubens, der vom Buddhismus und Hinduismus gleichzeitig vollzogen wird.

Die Kumari lebt in dem Palast in der Stadt und zeigt sich nur an religiösen Festtagen oder bei ihrer täglichen Audienz, zu der nur wenige Menschen eingeladen werden.

Mit der Unterstützung von Ashesh Malla bekam ich die Möglichkeit, der „Göttin von Kathmandu“ persönlich zu begegnen. Bei meinem Eintritt in den abgedunkelten, mit Teppichen ausgelegten Raum saß die Göttin bewegungslos und stumm auf ihrem kleinen Thron. Sie war in ein goldfarbiges Brokatgewand gekleidet und trug auf ihrem Kopf einen geschmückten Turban, der mit vielen Juwelen verziert war. Ihr Blick erschien mir ausdruckslos und leer. Sie nickte mir zu und schaute dabei an mir vorbei. Weihrauch und Kerzenduft benebelten meine Sinne! Nachdem ich mich ein wenig zu ihr herabgebeugt hatte, drückte sie mir eine Tilaka (roter Punkt) auf die Stirn. Das Segenszeichen markiert das dritte Auge und steht für Kraft und Energie. Ich durfte sie dabei weder berühren noch ansprechen. Mir wurde leicht schwindelig und ich fühlte mich in eine Art Trance versetzt. Nach wenigen Minuten verließ ich den Raum, um mich wieder in das Touristengetümmel am Durban Platz zu stürzen. Die kurze Begegnung mit der Kindsgöttin erschien mir unwirklich und märchenhaft. Ich hätte sie gerne nach ihrem Leben, ihrem Tagesablauf und ihren Gefühlen gefragt!

NachGedanken – Hommage an eine Insel

Es war ein weiter Weg vom Kindergarten in Friesdorf zu den Tempeln in Kathmandu – vom „Weihnachtsspiel“ bis zum „Theater der Unterdrückten“.

Auf meiner langen Reise habe ich gelernt, dass das Theaterspiel nicht nur nach Schokoladenpudding schmeckt, sondern Kreativität erfordert und viel Arbeit bedeutet. Theater kann unbequem sein und manchmal sogar gefährlich werden, denn die Kunst hat sowohl das Potential, die Menschen zu erfreuen, als auch gesellschaftliche Veränderungen einzuleiten.

Ich habe in diesem Buch einige, aber längst nicht alle Geschichten erzählt, denn es war nicht meine Absicht, einen biografischen Lebensbericht zu verfassen. Zwischen den einzelnen Steinen liegen lange Wegstrecken voller Ungeduld und Zweifel, aber auch Zeiten der Freude und Zufriedenheit.

Auf meiner Reise durch die Welt und das Leben habe ich viele richtige, aber auch so manche falsche Entscheidung getroffen. Ich bin in Sackgassen hineingestolpert und musste umkehren. Die Lust auf immer wieder neue Entdeckungen und mein vorbehaltloser Glaube an die kreativen Potentiale der Kunst haben mich stets begleitet. Die Beschäftigung mit Musik, Theater und Malerei fordert und fördert die geistigen, emotionalen und handwerklichen Fähigkeiten des Menschen Ich verstehe die Kunst als Gegenmodell zu einer umfassend digitalisierten Welt. Beim Lesen der Geschichten gewinnt man den Eindruck, dass ich in meinem Leben von Stein zu Stein gesprungen bin, „ohne Rast und Ruh“, immer auf der Jagd nach neuen Entdeckungen. Wo sind die Konstanten und die Ankerplätze, die die Voraussetzung bilden für den Aufbau neuer Kräfte und die Entwicklung neuer Ideen?

Es gibt in meinem Leben einige dieser kontinuierlich wiederkehrenden Ereignisse, roten Fäden und Ruhepunkte, die die Brücken bilden zu neuen Projekten und

Initiativen. Beispielhaft dafür stehen meine Aufenthalte auf der kleinen Insel Baltrum inmitten des ostfriesischen Wattenmeeres. Seit fast vierzig Jahren fahre ich mit meiner Familie auf die Insel. Hier treffen wir Freunde und Menschen aus vielen Teilen unseres Landes. Ich lasse den Alltag mit seinen Verpflichtungen, Geschäftigkeiten und täglichen Sorgen auf dem Festland zurück. Wir begegnen einer bunten Mischung aus fröhlichen Kindern, jungen Menschen, Erwachsenen und Senior*innen, die alle diese Insel von Herzen lieben. Sie zeigen es mit Stolz auf ihren Pullovern, T-Shirts, Fahnen und Einkaufstaschen. Es ist eine kleine Welt im weiten Meer. Baltrum ist nur wenige Quadratkilometer groß, aber mit einem langen, fast menschenleeren Strand am Ostende, Sanddünen und Graswiesen, auf denen viele seltene Pflanzen wachen und geschützte Vögel nisten. Zur Wattenmeerseite bildet der Strandflieder riesige lilafarbene Teppiche. Am Abend kommen die Menschen an der Strandmauer zusammen, um den „Untergang der Sonne" zu feiern.

Ich schaue aus meinem Fenster und blicke auf die unendliche Weite des Meeres. Am Horizont fährt ein großes Containerschiff in Richtung Hamburg. Die Möwen fliegen von Stein zu Stein, immer auf der Suche nach Essbarem. Das gleichmäßige Anrollen der Meereswellen verführt mich zum Träumen. Auf der Insel passiert sehr selten etwas Spektakuläres. Es sind die kleinen Dinge, die wieder in den Fokus rücken: die Spaziergänge über den Westkopf der Insel, die Suche am Strand nach der schönsten Muschel unter den Millionen, das Lesen eines guten Buches, das mir im Alltag nie gelingt und die Zubereitung einer leckeren Mahlzeit sind die Höhepunkte des Tages. Das Spiel mit meinen Enkelkindern bereitet mir Freunde. Es macht mich glücklich, sie so frei und doch behütet auf der Insel wachsen zu sehen.

Am Ende unseres Buches steht die Hoffnung nach mehr Achtsamkeit und Sorge für diese Welt und die Kinder, die darauf leben. Wir haben die Verpflichtung den jungen Menschen einen Planeten zu hinterlassen, der es ihnen ermöglicht, in Frieden, sozialer Geborgenheit und in Eintracht mit der Natur zu leben. Das wünsche ich meinen Kindern, Enkelkindern und allen Kindern dieser Welt.

Dank

Mein Dank gilt meiner Familie, den Freund*innen und Kolleg*innen, die mich ein Stück des (steinigen) Weges begleitet haben. Sie haben mich unterstützt und mir geholfen, die Ideen und Projekte in die Tat umzusetzen.

Mein Dank gilt den Einrichtungen und Institutionen, die mein weltweites Engagement durch organisatorische und finanzielle Hilfe möglich gemacht haben.

Ich danke der Bundesvereinigung kulturelle Jugendbildung (BKJ) und dem Bund Deutscher Amateurtheater (BDAT) sowie der Emsländischen Landschaft für die Bereitschaft, den Ausbau der regionalen, nationalen und internationalen Vernetzung der kulturellen Bildung zu fördern.

Mein ganz besonderer Dank gilt Anne-Marie Jansen-Wieschebrock, Helga Lienenbrink und Georg Aehling, die mich bei der Erstellung des Buches tatkräftig unterstützt haben.

Mein Sohn Jan danke ich für die grafische Gestaltung und seine künstlerischen Impulse.

Literaturverzeichnis

- Norbert Radermacher (Hg.): Kindern eine Bühne geben – 20 Jahre Welt-Kindertheater-Fest, Verlag Kultur Dialog, Lingen 2010
- Norbert Radermacher (Hg.): Theater mit allen – Konzepte – Methoden-Praxisbeispiele, Schibri-Verlag Berlin-Milow, Strasburg 2014
- Norbert Radermacher: Kulturleben – eine Zeitreise durch die Kultur-, Kunst- und Naturlandschaft an Ems und Vechte, Edition Virgines, Lingen 2020
- Rudi Dübner: Menschen begegnen – Kulturen erleben, hrsg. von Rudi Dübner, Druckerei Hellendorn, Bad Bentheim 2019
- Siegfried Passarge: Geographische Völkerkunde, Safari Verlag, Berlin 1954
- Christian Tielmann, Jan Radermacher: Mein Lieblings-Gruselbuch, Carlsen Verlag, 2015
- Christian Tielmann (Text), Jan Radermacher (Illustrationen): Prinzessin Bruno geht zur Schule, Thalia Bücher, Hagen 2023
- Georg Forster: Reise um die Welt, Eichhorn Verlag, Frankfurt a. M. 2007
- Knut Hickethier: Geschichte des Deutschen Fernsehens, J. B. Metzler Verlag, Stuttgart/Weimar 1998
- Karl-Heinz Vehring: Lingen Zentrum einer Region, Edition Virgines, Düsseldorf 2013
- Deutsche UNESCO-Kommission e.V. (Hrsg.): Kulturelle Bildung für alle, Bonn 2008
- Arts by Children (Hrsg.): Die Kraft des Malens – Bilder von Kindern in Not, Verlag Kultur Dialog 2010
- Politik und Kultur - Zeitung des Deutschen Kulturrates; hrsg. von Olaf Zimmermann und Theo Geißler
- Thomas Hettche: Herzfaden – Roman der Augsburger Puppenkiste, Kiepenheuer & Witsch, 3. Auflage 2020
- Augusto Boal: Der Regenbogen der Wünsche – Methoden aus Theater und Therapie, Lingener Beiträge zur Theaterpädagogik, Band III, Schibri Verlag 2006
- Augusto Boal (Hg.): Theater der Unterdrückten, Übungen und Spiele für Schauspieler und Nicht-Schauspieler, edition suhrkamp, Frankfurt a. M. 1985
- Bernd Ruping (Hg.): Gebraucht das Theater! Vorschläge Augusto Boals; Einführungen, Varianten, Kritik – Schriftenreihe der Bundesvereinigung kulturelle Jugendbildung, Band 17, Lingen und Remscheid 1991

Autoren

Norbert Radermacher

wurde 1946 in Berg a. d. Ahr geboren. Von 1969-1976 studierte er an den Universitäten in Bonn, Münster und Osnabrück Kunstpädagogik, Kunstwissenschaften, Germanistik und Philosophie. Von 1977 bis 1994 war er Lehrer am Gymnasium Georgianum in Lingen. Gleichzeitig entwickelte er 1980 ein Konzept für den Aufbau eines Theaterpädagogischen Zentrums der Emsländischen Landschaft, dessen Leitung er bis zu seiner Pensionierung 2006 innehatte. Von 2000-2015 war Norbert Radermacher ehrenamtlicher Präsident des Bundes Deutscher Amateurtheater (BDAT) und von 2012-2018 Präsident der internationalen Kinderkultur- und Kinderhilfsorganisation „Arts by Children – Voices for a Better World“. Er zeichnet für über 40 Theaterproduktionen verantwortlich, u. a. „40 Jahre Bundesrepublik Deutschland“, Marktplatz Bonn, 1988.

Für sein großes bürgerschaftliches Engagement erhielt Norbert Radermacher 1997 die Emsland Medaille des Landkreises Emsland, 2012 das Verdienstkreuz erster Klasse des Niedersächsischen Verdienstordens, 2013 den Kulturpreis der Stadt Lingen (Ems), 2017 wurde er im Auftrag des belgischen Königs Philippe zum Ritter des Leopoldordens ernannt. 2019 erhielt er das Bundesverdienstkreuz 1. Klasse der Bundesrepublik Deutschland.

Norbert Radermacher hat zahlreiche Fachbücher herausgegeben u. a.: Kindern eine Bühne geben, 20 Jahre Welt-Kindertheater-Fest, Verlag Kultur Dialog 2010; Theater mit allen – Konzepte, Methoden und Praxisbeispiele, Schibri Verlag 2014; Kulturleben – eine Zeitreise durch die Kunst-, Natur- und Kulturgeschichte an Ems und Vechte, Edition Virgines 2020.

Jan Radermacher

wurde 1981 in Lingen an der Ems geboren. Bereits im Alter von fünf Jahren hat er an den Tanz- und Theaterkursen des Theaterpädagogischen Zentrums teilgenommen und bei der spielBühne Lingen erste Theatererfahrungen gesammelt.

An der „Stage School of Music, Dance and Drama" in Hamburg absolvierte er ein Schauspielstudium, das er als Schauspieler und Musicaldarsteller erfolgreich abschloss. Er spielte u. a. am Schmidt Theater, Ohnsorg Theater und am St. Pauli Theater in Hamburg, sowie am Grips Theater in Berlin. Seit 2012 ist er künstlerischer Leiter des Hoftheaters in Hamburg-Ottensen. Er führt Regie an unterschiedlichen Spielstätten und arbeitet seit 2014 als Regisseur und stellvertretender künstlerischer Leiter bei den Grimm Festspielen in Hanau.

Jan Radermacher schreibt Theaterstücke und komponiert Musik für Kindertheaterproduktionen. Er illustriert Kinderbücher für den Carlsen Verlag, Hamburg, den Aufbau Verlag, Berlin und den Thalia Verlag, Münster, Hagen.

Für seine erfolgreichen Arbeiten erhielt er 2014 den Autorenpreis der Grimm Festspiele und 2016 den Kultur-Förderpreis der Wolfgang Arnim Nagel Stiftung.

Anhang - Kurzportraits von kulturellen Institutionen und Vereinen

1. „Projektkurs Theater" am Gymnasium Georgianum

Der „Projektkurs Theater" wurde von Norbert Radermacher unmittelbar nach seiner Anstellung als Studienrat am Gymnasium Georgianum in Lingen im Herbst 1977 eingerichtet. Sowohl der Projektleiter als auch die Schüler*innen bekamen von der Schulleitung die außerordentliche Möglichkeit, sich sechs Unterrichtsstunden in der Woche mit dem Theaterspiel und der Theaterpädagogik zu beschäftigen. Entsprechend intensiv gestaltete sich die Arbeit in den ersten Wochen und Monaten. Bewegungs- und Körpertraining, Improvisationsübungen und sprechtechnische Grundübungen standen ebenso auf dem Arbeitsplan wie gruppendynamische Spieleinheiten und das Studium von dramaturgischen Grundkenntnissen. Bis zu 30 Schüler*innen der Oberstufe nahmen an dem Lehrprogramm teil.

Im Frühjahr 1978 begannen wir mir den Proben zu einer ersten Theaterproduktion, die ein Jahr später am 1. Februar 1979 ihre Premiere hatte. „Der Ball der Diebe" von Jean Anouilh war ein Erfolg. Großen Anteil an der schauspielerischen Entwicklung der Schüler*innen hatte ein einwöchiges Intensivseminar an der Landesbühne Wilhelmshaven unter der Leitung des Dramaturgen und Theaterpädagogen Thomas Lang. Wir haben uns in dem Seminar mit den Theatermethoden von Augusto Boal auseinandergesetzt und sie auf den Straßen von Wilhelmshaven praktiziert.

Es folgten weitere große Inszenierungen an der Schule, aber auch Theaterexperimente und Theaterproduktionen für Kinder. Eine große Herausforderung war das Musiktheaterstück „Happy End" mit den Songs von Bertolt Brecht und der Musik von Kurt Weill. Jim Franks, Musiklehrer am benachbarten Gymnasium Johanneum, übernahm die musikalische Leitung der Produktion.

Die nächste Inszenierung des Projektkurses war die Komödie „Herkules und der Stall des Augias" von Dürrenmatt, mit der wir zum 1. Niedersächsischen Schülertreffen nach Hannover eingeladen wurden. Die „Mugnog Kinder" wurden unter dem Ensemblenamen „Kille-

Kille“ viele Male in der Region gespielt ebenso wie die Eigenproduktion „Der Schrottplatz“. Mit der selbst erarbeiteten Collage „Wilde Welt“ - eine kritische Auseinandersetzung mit der journalistischen Arbeit der Bildzeitung - wurden wir 1984 zum Deutschen Schülertheatertreffen nach Berlin eingeladen. Molieres Komödie „Der Bürger als Edelmann“ haben wir 1987 vor dem Schloss Clemenswerth als buntes Gartenspektakel aufgeführt.

Ein Höhepunkt des künstlerischen und theaterpädagogischen Schaffens war die Einladung zum Welttheatertreffen 1985 nach Monaco. Der Projektkurs wurde als erste und einzige Schultheatergruppe zu dem weltgrößten Theaterfest eingeladen. Als offizielle Delegation und Vertretung des deutschen Amateurtheaters zeigten sie vor einem großen internationalen Publikum die „Kleinbürgerhochzeit“ von Bertolt Brecht. Weitere internationale Auftritte und Gastspielbegegnungen folgten wie z. B. 1986 eine Einladung zu einem Kulturfestival nach Shanghai (China) mit der Produktion „Ein Spiel mit der Zauberflöte“. Ein Jahr zuvor gastierten wir in El Jadida (Marokko) mit der Eigenproduktion „Macht euch die Erde untertan“ – eine kritische Auseinandersetzung mit der Eroberung Südamerikas durch Christoph Columbus.

In den Jahren zwischen 1977 bis 1994 brachte der „Projektkurs Theater“ am Gymnasium Georgianum mehr als 20 Theaterproduktionen heraus. Zahlreiche Schüler*innen studierten nach ihrem Schulabschluss Schauspiel oder Gesang. Sie sind heute erfolgreich bei Film, Theater und Fernsehen beschäftigt. Mit der gänzlichen Abordnung von Norbert Radermacher an das Theaterpädagogische Zentrum löste sich der Projektkurs auf.

Der „Projektkurs Theater“ gilt als ein wichtiger Meilenstein in der Entwicklung Lingens als Theaterstadt und als Sitz des TPZ.

Kontakt: Gymnasium Georgianum | 49808 Lingen (Ems)
gymnasium-georgianum@t-online.de | Tel.: 0591 8078760

2. spielBühne Lingen e.V.

Die spielBühne Lingen e.V. wurde 1979 als Kurs „Amateurtheater“ der Volkshochschule von Walter Edelmann und Norbert Radermacher gegründet. Der Verein ist seit 1982 als eingetragener (gemeinnütziger) Verein selbständig. Die spielBühne versteht sich als ein Mehrgenerationentheater. Menschen im Alter von 6-80 Jahren wirken in den verschiedenen Produktionen und in den unterschiedlichsten Gewerken mit. Die spielBühne ist Mitglied im Landesverband Amateurtheater Niedersachsen e.V. und damit auch Mitglied im Bund Deutscher Amateurtheater (BDAT).

Das Repertoire der Bühne ist sehr vielseitig. Es reicht von Straßentheater mit Stücken von Hans Sachs über szenische Lesungen bis zu experimentellen Theaterformen. Unbekannte oder selten gespielte Stücke von bekannten Dramatiker*innen stehen ebenso auf dem Programm wie große Theaterproduktionen für Kinder und selbst entwickelte Szenencollagen.

Der Anspruch der Bühne besteht in der Präsentation von gutem Amateurtheater, das sich an den Maßstäben des professionellen Theaters orientiert. Das bedeutet u.a. eine intensive mehrstündige Arbeit in der Woche sowie die Verwendung von privaten Urlaubstagen für Proben- und Aufführungszeiten.

Mit ihren großen Theaterproduktionen für die ganze Familie („Pippi Langstrumpf", „Peter Pan", „Oliver" u.a.m.) erreichte die engagierte Theatergruppe bis zu 10.000 Zuschauer*-innen im Theater an der Wilhelmshöhe in Lingen. Unter den vielen, fast fünfzig Produktionen der letzten 40 Jahre, ragen einige besonders heraus. „Bernarda Albas Haus" von Frederico Garcia Lorca wurde nicht nur in Lingen und in Kehl (bei Straßburg), sondern auch in Nancy/Frankreich auf einem internationalen Theaterfestival gezeigt. Weitere Auslandstourneen führte die Bühne nach Japan, Österreich und Litauen. In der Zusammenarbeit mit der Musikschule des Emslandes wurde 1989 eine Szenencollage als „Hommage an Kurfürst Clemens August" entwickelt, die unter Beteiligung von 200 Mitwirkenden das Fest zum 40jährigen Bestehen der Bundesrepublik Deutschland auf dem Marktplatz in Bonn einleitete.

Heute präsentiert sich die spielBühne als aktive lebendige Spielgemeinschaft. Alle zwei Jahre lädt die Bühne mit ihren Stücken zur Weihnachtszeit Familien und Schulklassen ein zu einem vergnüglichen und besinnlichen Theaterabend. Dazwischen werden immer wieder experimentelle Formen und wenig bekannte Autor*innen gespielt. Aktuell ist das Schauspiel „Kopf und Kragen" von Manfred Rockel in der Planung. Es erzählt die lokale

Geschichte des Mörders „Knapp Gerd“, einem Hollandgänger, der zu Anfang des 19. Jahrhunderts seinen Weggefährten in den Wäldern Lingens ermordet hat.

Die spielBühne ist seit vielen Jahren ein wichtiger Bestandteil des Lingener Kulturlebens. Sie bereichert mit ihren großen Theaterevents, aber auch mit ihren kleinen Zwischenspielen das kulturelle Programm der Stadt.

Kontakt: spielBühne Lingen e.V. | Am Wall Ost 9 | 49808 Lingen
welcome@spielbuehne.de | Tel.:0591 126 660 38

3. Theaterpädagogisches Zentrum der Emsländischen Landschaft e.V. (TPZ)

Das Theaterpädagogische Zentrum der Emsländischen Landschaft für die Landkreise Emsland und Grafschaft Bentheim wurde 1980 auf der Basis eines Konzepts von Norbert Radermacher eingerichtet. Es startete unter der Bezeichnung „Theaterpädagogisches Modell“ (TPM) als Modellversuch mit Mitteln des Landes Niedersachsen. Nach Ablauf der erfolgreichen Versuchsphase wurde das Experiment 1983 in Theaterpädagogisches Zentrum (TPZ) umbenannt und eine dauerhafte Förderung durch das Land zugesagt. Damit war das TPZ in Lingen die erste Institution dieser Art in Deutschland. Träger der Einrichtung ist die Emsländische Landschaft, deren erster Geschäftsführer Werner Franke im Frühjahr 1980 an Norbert Radermacher herantrat mit der Bitte, ein Konzept für eine entsprechende Bildungseinrichtung im ländlichen Raum zu erstellen. Das TPZ entwickelte sich in den 80iger Jahren schnell zur größten Institution seiner Art in Deutschland und wurde zum Vorbild für viele vergleichbare Einrichtungen in Europa.

„Seit 43 Jahren bieten wir Ihnen und euch ein vielfältiges und buntes Angebot im Bereich der kulturellen Bildung. Ob Theater, Spiel, Tanz oder Zirkus – mit Ihnen und euch die Welt künstlerisch zu entdecken und gemeinsam zu gestalten, ist das, was unsere Arbeit zum entscheidenden Teil ausmacht“.[20]

Das TPZ sendet weit über die fachspezifischen Aufgaben und Inhalte hinaus, zahlreiche

---

[20] Vgl.: Nils Hanraets, Programm TPZ 02/2023

kulturelle Impulse in die Region. Entscheidend für die Akzeptanz der Institution war und ist das Bestreben nach Kooperation mit regionalen und überregionalen Partnern sowie der Aufbau eines nationalen und internationalen Kulturnetzwerks. Das Zusammenwirken verschiedener Institutionen, Gruppierungen und Einzelpersonen hat zu diesem Erfolg geführt.[21]

Das TPZ ist eine immer junge Institution, die sich entlang der aktuellen gesellschaftlichen Entwicklung mit neuen Methoden und Inhalten weiterentwickelt hat und damit der Region die nötigen Impulse gibt.[22]

Ein Höhepunkt der Arbeit ist die Organisation und Durchführung des Welt-Kindertheater-Festes. Diese weltweit einzigartige Veranstaltung von Kindern für Kinder wurde 1990 von Norbert Radermacher ins Leben gerufen und tourt seitdem durch die Welt. Als offizielles Fest des Welt-Amateurtheaterverbandes (AITA/IATA) wird es alle zwei Jahre in einem anderen Land veranstaltet. Es kehrt alle vier Jahre an seinen Geburtsort nach Lingen zurück. Neben dieser herausragenden Veranstaltung besteht die kontinuierliche Arbeit der Institution in zahlreichen Kursen, Workshops und Projekten mit Kindern, jungen Menschen, Erwachsenen, Senior*innen und vielen weiteren sozialen und gesellschaftlichen Gruppen. Das Halbjahresprogramm ist jeweils im Frühjahr und Herbst im TPZ erhältlich.

Kontakt: Theaterpädagogisches Zentrum der Emsländischen Landschaft e.V.
Universitätsplatz 5-7 | 49808 Lingen | Tel: 0591 916630 info@tpzlingen.de

4. Arts by Children – voices for a better World (ABC)

Die Kinderkultur- und Kinderhilfsorganisation „Arts by Children" – voices for a better world" (ABC) wurde auf Initiative der indonesischen Künstlerin Peggy Melati Sukma und Norbert Radermacher 2008 von Kulturschaffenden aus sieben Nationen in Lingen (Ems) ins Leben gerufen. Die Organisation unterstützt seitdem soziale Kunst- und Kulturprojekte von und mit

---

[21] Vgl.: Norbert Radermacher: KulturLeben – eine Zeitreise durch die Kultur-, Kunst- und Naturlandschaft an Ems und Vechte, S. 75
[22] Ebda S. 78

Kindern in der Welt. Peggy Melati Sukma war die erste Präsidentin. Ihr Amt übernahm 2010 Norbert Radermacher, der die Verantwortlichkeit 2019 an Dr. Walter Höltermann übergab.

ABC versteht sich als Zusammenschluss von Kunst- und Kulturschaffenden, die sich der besonderen Verantwortung gegenüber benachteiligten Kindern und Jugendlichen in der Welt bewusst sind. Mit der Arbeit leistet ABC einen aktiven Beitrag zur Inklusion, sozialen Gerechtigkeit und zu einem gewaltfreien, demokratischen Zusammenleben der Menschen in der Welt.[23] „Arts by Children" ist davon überzeugt, dass das gemeinsame Erleben und Gestalten von Kunst und Kultur die Teilhabe von Kindern und Jugendlichen an der Gesellschaft fördert. Junge Menschen, die malen, dichten, musizieren, tanzen, filmen oder Theater spielen, entdecken in der Kraft der Kunst ihre eigenen Potenziale und entwickeln dadurch wichtige Überlebensstrategien und Lebenskompetenzen.[24]

Im Mittelpunkt der Arbeit steht heute der Auf- und Ausbau eines internationalen Netzwerkes von Kinderkultur-, Kindertheater- und Kinderkunstzentren. Zurzeit fördert ABC Projekte in Bolivien, Uganda, Nepal und Indien. Die Mitglieder von ABC arbeiten ehrenamtlich. Die Organisation ist als gemeinnütziger Verein anerkannt und nimmt Spenden gerne entgegen.

Kontakt: Arts by Children – Voices for a better world | Bildungszentrum Gebr. Grimm
Elsterstr. 1 | 49808 Lingen | Tel.: 0591 91379756 | mail@artsbychildren.org

5. Kulturforum St. Michael e.V.

Das Kulturforum St. Michael wurde 2003 auf Initiative des Unternehmers Harald Müller (EMCO Gruppe) gegründet. Sein Ziel war es, die vom Bistum Osnabrück aufgelassene Kirche im Lingener Stadtteil Reuschberge vor dem Abriss zu bewahren, sie zu erhalten und mit neuem Leben zu füllen. Auf die Bitte von Herrn Müller erstellte Norbert Radermacher 2001/2002 einen ersten Satzungsentwurf für den Verein mit dem Schwerpunkt der kulturellen Nutzung des Gebäudes.

[23] Vgl.: Norbert Radermacher – Bunte Steine auf meinem Weg, S 93
[24] Vgl.; Flyer ABC S. 2

Nach dem Um- und Ausbau der Kirche zu einem großen Konzert- und Theatersaal mit 400 Plätzen fanden bis ins Jahr 2018 zahlreiche Veranstaltungen, Theateraufführungen und Konzerte statt. Zu den jährlichen Höhepunkten zählte das Adventskonzert des Leipziger Blasorchesters und die Präsentation regionaler Talente in der Reihe „Wir von hier". Der zur Nachwuchsförderung von der Journalistin Katrin Kellermann und Norbert Radermacher konzipierte und hochdotierte „Jugendkulturpreis Talente" hat dazu beigetragen, junge Menschen aus der Region in ihrer künstlerischen Entwicklung nachhaltig zu fördern.

Im Jahr 2016 wurde die EMCO Gruppe mit dem Kulturförderpreis der Deutschen Wirtschaft ausgezeichnet.

Da die Kirche 2019 vom Bistum Osnabrück als Standort für eine Kindertagesstätte beansprucht und zu diesem Zweck umgebaut wurde, soll dem Verein ab 2024 im Obergeschoss ein (deutlich kleinerer) Veranstaltungsraum zugewiesen werden. Der (ehrenamtlich) geführte Verein hat trotz aller Hindernisse seine kulturelle Arbeit bis heute fortgesetzt. Mit einem Open-Air-Konzert vor der Michaels Kirche haben die Initiatoren im August 2023 die beliebte Reihe „Bier und Bulletten" als Jazz-Frühschoppen wieder aufgenommen und damit bewiesen, dass der Verein lebt und gewillt ist, das kulturelle Leben in der Stadt Lingen weiter zu bereichern.

Kontakt: Kulturforum St. Michael | Langschmidtsweg 66 A | 49808 Lingen
Tel. 0591 912010 | www.kulturforum-lingen.de

6. Bund Deutscher Amateurtheater (BDAT)

Der Bund Deutscher Amateurtheater (BDAT) wurde 1892 als Verband der Privat-Theater-Vereine Deutschlands gegründet. Heute vertritt die als gemeinnützig anerkannte Organisation über seine 19 Landes – und Bundesverbände mehr als 2500 Mitgliedsbühnen und ist damit eines der größten Theaterverbände in Europa.

Norbert Radermacher war von 2000 bis 2015 Präsident des Verbandes. Eine seiner ersten Initiativen bestand in der Verlegung der Geschäftsstelle von Heidenheim nach Berlin. Dort hat der BDAT bis heute seinen Sitz. Er vertritt das Amateurtheater gegenüber der Politik und Gesellschaft. In den vergangenen zwanzig Jahren entwickelte der Verband zahlreiche kulturpolitische und fachliche Initiativen zur Stärkung des Amateurtheaters in Deutschland

Mit der Etablierung eines „Deutsches Amateurtheaterpreises" (Amarena) wird nicht nur eine große Öffentlichkeit erreicht, sondern das außerberufliche Theater in seiner großen Breite künstlerisch und inhaltlich zur Debatte gestellt. Auch das Deutsche Kindertheaterfest wurde 2004 vom BDAT initiiert und verhilft der Sparte zu mehr Bedeutung und Qualität. Der BDAT ist ein aktives Mitglied in der nationalen und internationalen Theatergemeinschaft.

Aus Mitteln des Auswärtigen Amtes fördert der Verband internationale Spielbegegnungen und verhilft damit Bühnen zu Gastspielreisen ins Ausland oder ermöglicht Einladungen zu Festivals im Inland.

Kontakt: Bund Deutscher Amateurtheater (BDAT) | Lützowplatz 9 | 10785 Berlin
berlin@bdat.info | Tel.: 030 2639859-0

7. Europäisches Zentrum und Theaterhaus[25]

Das „Europäische Zentrum" der Internationalen Amateurtheaterorganisation (AITA/IATA) wurde im Herbst 1991 auf Initiative von Norbert Radermacher gegründet. Es wurde am 24. Juni 1992 offiziell eröffnet, mit dem Ziel ein effektives Netzwerk des Amateurtheaters und der Theaterpädagogik in Europa aufzubauen. Von 1992 bis zur Schließung des Zentrums 2011 haben über 1400 Theaterwissenschaftler*innen, Regisseur*innen und Spielleiter*innen aus mehr als 70 Ländern an den Veranstaltungen, Kongressen und Symposien teilgenommen. Diese Veranstaltungen haben dazu beigetragen, das Amateurtheater in Europa organisatorisch, inhaltlich und künstlerisch weiterzuentwickeln. Das Zentrum wurde mehrsprachig (Englisch, Französisch, Spanisch und Deutsch) geführt. Untrennbar verbunden mit dem „Europäischen Zentrum" ist der Name Anneliese Hanelt, die als Geschäftsführerin maßgeblich an dem Erfolg des Zentrums beteiligt war. Aus den zahlreich durchgeführten Veranstaltungen ragt das „1. Fest der Sinne", ein europäisches Theaterfest für behinderte und nicht behinderte junge Menschen, ganz besonders heraus. Leider musste das Zentrum

[25] Vgl.: Norbert Radermacher (Hg.): Theater mit allen, Schibri Verlag, S. 213 ff

2011 geschlossen werden, weil die finanzielle Förderung durch die Stadt, das Land und den Bund eingestellt wurde. An seine Stelle trat das „Europäische Forum Amateurtheater" (EFAT), in dem sich europäische Verbände zusammengeschlossen haben, um eine gemeinsame Vertretung des Amateurtheaters in Europa zu gewährleisten.

Die Fortsetzung der internationalen Arbeit wird unter Beteiligung einiger internationalen Verbände und regionaler Einrichtungen als „Europäisches Theaterhaus" weitergeführt, das u. a. die Aufgabe hat, das Welt-Kindertheater-Fest langfristig zu sichern. Sitz des „Europäischen Theaterhauses" ist das Theaterpädagogische Zentrum in Lingen.

Kontakt: Europäisches Theaterhaus | c/o. TPZ Lingen | Universitätsplatz 5 – 6 | 49808 Lingen
info@tpzlingen.de | Tel. 0591 9166310

8. Institut für Theaterpädagogik an der Hochschule Osnabrück, Campus Lingen

Der Aufbau eines Studiengangs „Theaterpädagogik" an der Hochschule Osnabrück geht zurück auf die Frage der Niedersächsischen Ministerin für Kunst und Wissenschaft bei einem Besuch des Theaterpädagogischen Zentrums 1993. „Gibt es deutschlandweit einen Studiengang „Theaterpädagogik" an Hochschulen oder Universitäten?"[26] Als dies von uns verneint wurde, war ihre spontane Reaktion: „Dann machen wir das hier in Lingen". Diese klare und deutliche Positionierung bildete die Grundlage für die darauffolgenden Initiativen von Dr. Bernd Ruping und Norbert Radermacher. Mit der Unterstützung des damaligen Präsidenten der Fachhochschule Osnabrück Prof. Dr. Erhard Mielenhausen wurde ein entsprechender Studiengang entwickelt. Maßgeblichen Anteil an der inhaltlichen Gestaltung des Studiengangs hatten Dr. Bernd Ruping, Jörg Meyer und Andreas Poppe, die bereits in einer zweijährigen Vollzeitfortbildung „Theaterpädagogik" am TPZ als Lehrende tätig waren. Die feierliche Einweihung des Hochschulstandortes Lingen fand im September 1995 statt. Im Frühjahr 1998 ging der deutschlandweit erste und einzige Aufbaustudiengang „Theaterpädagogik" an den Start.

---

[26] Vgl. S. 104

Dieser Schritt bedeutete einen Meilenstein in der Entwicklung der Theaterpädagogik als eigenständige künstlerische, pädagogische und wissenschaftliche Disziplin.

Am Institut für Theaterpädagogik der Hochschule Osnabrück studieren zurzeit etwa 80-100 Studierende im Rahmen eines grundständigen Bachelor Studiengangs.

Kontakt: Institut für Theaterpädagogik | Baccumer Str. 3 | 49808 Lingen
s.rademacher@hs-osnabrueck.de | Tel.: 0591 80098411